Benjamin Heller

Erlebnispädagogik und ADHS

Möglichkeiten und Grenzen bei der Arbeit mit Kindern und Jugendlichen

Benjamin Heller

ERLEBNISPÄDAGOGIK UND ADHS

Möglichkeiten und Grenzen bei der Arbeit mit Kindern und Jugendlichen

ibidem
Verlag

Bibliografische Information der Deutschen Nationalbibliothek
Die Deutsche Nationalbibliothek verzeichnet diese Publikation in der Deutschen Nationalbibliografie; detaillierte bibliografische Daten sind im Internet über http://dnb.d-nb.de abrufbar.

Bibliographic information published by the Deutsche Nationalbibliothek
Die Deutsche Nationalbibliothek lists this publication in the Deutsche Nationalbibliografie; detailed bibliographic data are available in the Internet at http://dnb.d-nb.de.

Umschlaggestaltung und Illustration: Annika Heller, annika-heller.de

ISBN-13: 978-3-8382-1442-9

Printed in the EU

Abstract

ADHS ist die in Deutschland am häufigsten diagnostizierte kinder- und jugendpsychiatrische Erkrankung. Nachdem lange Zeit eine Behandlung mit Methylphenidat - Ritalin - den Mittelpunkt der Behandlung ausgemacht hat, rücken nach zunehmender Kritik am Ritalinkonsum nun auch alternative Behandlungsmethoden mehr in den Fokus der Diskussion. Diese alternativen Behandlungsmethoden basieren auf psycho- und familientherapeutischen Ansätzen, haben ihre Grundlage in der Neurowissenschaft oder den systemischen Ansätzen. Eine dieser Behandlungsmethoden stellt auch die Erlebnispädagogik (EP) dar, die mit ihren handlungs- und erlebnisorientierten Lernmethoden Kindern und Jugendlichen mit ADHS die Möglichkeit gibt, etwas zu lernen, ohne dass die motorischen Impulse, die im Unterricht unterdrückt werden müssen, zu einem Hindernis werden.

Das Ziel dieser Forschung ist es, herauszufinden, wie die im erlebnispädagogischen Schullandheim (SLH) erlernten Verhaltensweisen in den Alltag der Klienten übernommen werden können. Dazu wurde die folgende Forschungsfrage gestellt: **Wie kann ein dauerhafter Transfer von neu erlernten Verhaltensmustern aus erlebnispädagogischen Programmen in den schulischen und privaten Alltag von Kindern und Jugendlichen mit ADHS ermöglicht werden?**

Neue Verhaltensmuster meint hier einen kontrollierten Umgang mit der Hyperaktivität, Impulsivität und der Aufmerksamkeit, da diese im Klassenzimmer in Schwierigkeiten für Lehrer*innen und Schüler*innen resultieren.

Um diese Forschungsfrage zu beantworten, wurde eine Fokusgruppendiskussion mit einigen Erlebnispädagogen und Erlebnispädagoginnen mit langjähriger Berufserfahrung durchgeführt. Die Resultate der Diskussion zeigen auf, dass eine langfristige Sicherung von neu erlernten Verhaltensmustern nur durch ein nachträgliches Engagement auf Seiten der Schulen ermöglicht werden kann. Die Schulsozialarbeit spielt dabei eine tragende Rolle, um die Lehrer*innen zu entlasten und den Schülern und Schülerinnen einen anderen Ansprechpartner zu bieten. Für eine effektive

Schulsozialarbeit und eine Umsetzung von erlebnistherapeutischen und erlebnispädagogischen Konzepten muss der entsprechende Raum in der Schule geschaffen werden. Dies kann über Nachmittagsbetreuung oder Arbeitsgemeinschaften geschehen.

Die Forschung verdeutlicht, dass die Erlebnispädagogik vor allem durch einen Perspektivenwechsel ihre Wirksamkeit entfaltet. Für den oder die betroffene*n Jugendliche*n werden die im Klassenraum unangenehmen Eigenschaften wie Impulsivität oder Hyperaktivität zu wertvollen Eigenschaften, die den Gruppenprozess voranbringen können. Durch die positive Fremd- und Selbstwahrnehmung bekommen betroffene Jugendliche die Möglichkeit, in einem anderen, positiveren Licht von ihren Klassenkameraden und Lehrern wahrgenommen zu werden.

Mit diesem Ergebnis ist es empfehlenswert, den Dialog mit dem Kultusministerium aufzusuchen, um mehr Raum für Schulsozialarbeiter und deren Programm im schulischen Alltag zu schaffen, damit eine langfristige Sicherung der Fortschritte aus dem erlebnispädagogischen Programm ermöglicht werden kann.

Danksagung

„Die Worte, die das Herz eines Kindes vergiften, sei es aus Gemeinheit oder Ignoranz, bleiben im Gedächtnis haften und verbrennen einem über kurz oder lang die Seele." – Carlos Ruiz Zafon, der Schatten des Windes

Ich bedanke mich nachdrücklich bei allen, die mich beim Prozess dieser Bachelorarbeit und deren Veröffentlichung unterstützt haben. Danke an Prof. Dr. Hannah Reich, die mich durch den kompletten Prozess der Arbeit unterstützt hat und immer erreichbar war, wenn Ich ihre Hilfe brauchte. Danke an Andreas Michel von „EP-Extratouren", der mit seiner Hilfe und mit seinem Netzwerk die Gruppendiskussion erst möglich gemacht hat. In diesem Sinne auch ein herzliches Danke an Jennifer, Ingo, Andreas und Franziska, die an der Expertenrunde teilgenommen haben und für die ideale Diskussionsatmosphäre gesorgt haben. Danke an meine Mama Doris, meine Freundin Nađa und meine Kommilitonen, die mir bei der Korrektur zur Seite gestanden haben, mich emotional unterstützt haben und dafür gesorgt haben, dass diese Bachelorarbeit nun in dieser Form vorliegt. Weiterhin einen großen Dank an meine Schwester Annika, die sich um das wunderschöne Cover gekümmert hat. Abschließend möchte ich mich bei meinen Eltern Doris und Wolfgang bedanken, die mir mit ihrer Unterstützung das Studium erst ermöglicht haben und immer für mich da waren, wenn ich Hilfe gebraucht habe.

Abbildungsverzeichnis

Abkürzungsverzeichnis

ADHS - Aufmerksamkeitsdefizit-/ Hyperaktivitätsstörung
EP - Erlebnispädagogik
RP - Reformpädagogik
SLH - Schullandheim
DLRG - Deutsche Lebens-Rettungs-Gesellschaft
THW - Technisches Hilfswerk
DRK - Deutsches Rotes Kreuz

1. Einleitung

„‚Ob der Philipp heute still
wohl bei Tische sitzen will?'
Also sprach in ernstem Ton
der Papa zu seinem Sohn
Und die Mutter blickte stumm
Auf dem ganzen Tisch herum
Doch der Phillip hörte nicht,
was zu ihm der Vater spricht
Er gaukelt und schaukelt,
er trappelt und zappelt
auf dem Stuhle hin und her
‚Philipp, das missfällt mir sehr!'"[1]

Die Geschichte des Zappel-Philipp von Heinrich Hoffmann aus dem Jahr 1845 gilt wohl als eine der ältesten Erwähnungen von der Störung, die heute zu den häufigsten kinder- und jugendpsychiatrischen Erkrankungen gehört - ADHS[2]. ADHS manifestiert sich bei den Betroffenen in Impulsivität, Hyperaktivität und Unaufmerksamkeit[3]. Die Prävalenz liegt in einigen Regionen Deutschlands besonders hoch. So zum Beispiel der Bezirk Unterfranken, in dem 18,8% aller Jungen im Alter von zehn bis zwölf Jahren die Diagnose ADHS bekommen[4]. Als Folge wird vielen Kindern zu einer medikamentösen Behandlung geraten. Die in Deutschland populärste Behandlung ist die mit Methylphenidat, eher bekannt als Ritalin oder Medikinet[5]. Das häufig verschriebene Medikament stellt allerdings nur eine von vielen, teilweise noch wenig erforschten Behandlungsmethoden dar.

Kurt Hahn, ein Reformpädagoge aus Deutschland, stellte die Erlebnistherapie vor und setzte sie an den von ihm gegründeten Internaten durch. Diese sollte nicht eine spezielle Gruppe von betroffenen Jugendlichen ansprechen, sondern war für die Genesung

1 Hoffmann (2012, S. 22).

2 Vgl. Eichenberg (2007, S. 173).

3 Vgl. Gawrilow (2012, S. 21f).

4 Vgl. Schlenker, Schwartz, Grobe und Drougias (2013, S. 3).

5 Lohse und Müller-Oerlinghausen (2019).

der Jugend von den zivilisatorischen Verfallserscheinungen gedacht. Die vier Grundideen der Therapie bildeten Expeditionen in der Natur, handwerkliche und künstlerische Projektarbeiten, sportliche Aktivität und der „Dienst am Nächsten"[6]. Kurt Hahn setzte mit der Erlebnistherapie einen der Grundsteine für die moderne Erlebnispädagogik, die sich heute durch Natursport, Handlungslernen und Echtheit charakterisiert.

In erlebnispädagogischen Programmen treffen Kinder und Jugendliche mit ADHS auf eine Lernumgebung, die sich stark von dem Klassenzimmer einer Schule und der dortigen Atmosphäre unterscheidet. Die Teilelemente der modernen EP sind mittlerweile gut erforscht und wissenschaftlich belegt. Erlebnispädagogische Programme finden in der Regel in einem Zeitfenster von drei bis fünf Tagen statt und diese Zeit reicht nicht aus, um die Symptome einer ADHS langfristig zu heilen. Mit dieser Arbeit wird versucht, folgende Frage zu beantworten.

1.1. Fragestellung

Wie kann ein dauerhafter Transfer von neu erlernten Verhaltensmustern aus erlebnispädagogischen Programmen in den schulischen und privaten Alltag von Kindern und Jugendlichen mit ADHS ermöglicht werden?

1.2. Aufbau

Diese Arbeit beginnt mit einem Einstieg in die Thematik ADHS in Deutschland und führt den Leser durch aktuelle Statistiken und Forschungsergebnisse zur Prävalenz sowie den aktuellen Stand der Forschung zu den eigentlichen Ursachen einer ADHS-Erkrankung. Im Anschluss werden diverse Behandlungsmethoden vorgestellt. Die Behandlung mit Methylphenidat bildet dabei mit der dazugehörigen Kontroverse den Kern des Kapitels. Andere Behandlungsmethoden (zum Beispiel Psychotherapie, Familientherapie, Neurofeedback) werden vorgestellt und kurz erläutert.

---

6 Vgl. Heckmair und Michl (2018, S. 39).

Das dritte Kapitel setzt sich mit dem Reformpädagogen Kurt Hahn, dessen Biografie, Idealen und Gesellschaftsideen auseinander. Die von Hahn begründete Erlebnistherapie wird genauer beleuchtet und bildet die Brücke und methodische Grundlage für die moderne EP, die im darauffolgenden Kapitel definiert und thematisiert wird. Die Kernelemente der modernen EP werden erklärt und der aktuelle Forschungsstand zu deren Wirkungsweisen wird weiter ausgeführt. Die Diskussion wird von einem Praxisbeispiel aus der beruflichen Praxis des Autors und einer exemplarischen Woche mit erlebnispädagogischem Programm eines Anbieters eröffnet. Daraufhin werden die Erfahrungen des Autors durch eine Fokusgruppendiskussion mit vier Experten auf dem Gebiet der EP und deren Resultaten ergänzt.

Um den Rahmen dieser Arbeit abzustecken, werden einige Begrifflichkeiten eingegrenzt. Auch wenn es andere Medikamente mit dem Wirkstoff Methylphenidat auf dem deutschen Markt gibt, wird nur das Medikament Ritalin weiter genannt werden als präsentester Vertreter von Methylphenidat-Präparaten in Deutschland. Es gibt noch weitere Medikamente, die zu einer Behandlung von ADHS verschrieben werden können. Da diese aber in der Forschung kaum präsent sind oder in Deutschland noch nicht auf dem Markt erschienen sind, liegt der Fokus auf Methylphenidat und anderen, in Deutschland populären Medikamenten. Bei der Diagnostik wird der amerikanische DSM-IV, der zur Diagnostik von ADHS in Amerika andere Richtlinien als der in Deutschland verwendete ICD-10 hat, ausgeblendet. In Deutschland wird zwischen ADS und ADHS unterschieden. ADS meint die Hyperkinetische Störung ohne hyperaktive Komponente. In der Regel wird der Begriff ADHS als Überbegriff für hyperkinetische Störungen nach ICD-10 Kennzeichen F90.-[7] verwendet, so auch in dieser Ba-

7 Neben der „Einfachen Aktivitäts- und Aufmerksamkeitsstörung" (F90.0) gehören dazu noch die „hyperkinetische Störung des Sozialverhaltens" (F90.1) sowie „sonstige hyperkinetische Störungen" (F90.8) und nicht näher bezeichnete hyperkinetische Störungen (F90.9). (vgl. Deutsches Institut für Medizinische Dokumentation und Information (DIMDI) im Auftrag des Bundesministeriums für Gesundheit (BMG) unter Beteiligung der

chelorarbeit. Der Fokus dieser Arbeit liegt auf ADHS bei Kindern und Jugendlichen. Dabei ist die Altersgruppe von sechs bis achtzehn Jahren gemeint, die in der Regel das potenzielle Klientel von EP, aber auch die Zeit, in der Diagnosen besonders oft gestellt werden, darstellt.

Es wird der Begriff Trainer*innen verwendet. Mit Trainer*innen ist dabei die Arbeit als freie Trainer*innen gemeint, welche in der EP üblich ist. Der Begriff wird also als Synonym für die Berufsbezeichnung Erlebnispädagoge und Erlebnispädagogin verwendet, da die Trainer*innen, über die gesprochen wird, eine pädagogische Ausbildung haben oder einschlägige pädagogische Fortbildungen besucht haben.

Arbeitsgruppe ICD des Kuratoriums für Fragen der Klassifikation im Gesundheitswesen, 2018, S. 217).

2. ADHS - Aufmerksamkeitsdefizit-/ Hyperaktivitätsstörung

Kapitel zwei beschäftigt sich mit der Diagnose und dem Auftreten von ADHS bei Kindern und Jugendlichen. Dabei wird die aktuelle Diskussion zur Ursache und Behandlung genauer beleuchtet. Die verschiedenen Positionen, die sich in der akuten Forschung wiederfinden, sollen kurz dargestellt und gegenübergestellt werden. Neben einem kritischen Blick auf die populäre medikamentöse Behandlung mit Methylphenidat werden alternative Behandlungsmethoden und -konzepte betrachtet.

2.1. Definition und Diagnose

ADHS ist die Abkürzung für „Aufmerksamkeits-Defizitstörung mit (oder ohne) Hyperaktivität".

ADHS ist keine neumodische Erkrankung. In der Vergangenheit waren ihre Symptome unter diversen anderen Bezeichnungen bekannt: Zuerst nannte man die Jugendlichen einfach „Zappelphilipp". Doch schon seit der Mitte des 20. Jahrhunderts bekam das, was heute als ADHS bekannt ist, einen Namen. Damals hieß die Ansammlung von Symptomen, die man heute als ADHS kennt noch minimal braindamage (MBD), eine Diagnose, die 1963 in die Diagnose minimal cerebral dysfunction (MCD) umgewandelt wurde[8]. Die Sammlung der Symptome und Definition von solchen als ADHS geschah erst später.

Die drei Kernelemente einer ADHS bilden Unaufmerksamkeit, Impulsivität und Hyperaktivität. Bei Kindern und Jugendlichen manifestieren sich die Symptome meist durch folgende Verhaltensweisen:

- Unaufmerksamkeit: Die Kinder sind oft unkonzentriert, was ihnen eine aktive Teilnahme am Unterricht oder auch beim Spielen erschwert. Dadurch entstehen Flüchtigkeits-

8 Vgl. Neraal und Wildermuth (2011, S. 19).

fehler, es werden häufig Gegenstände verloren oder vergessen und schon kleine Reize können ausreichen, damit das betroffene Kind vom Unterricht abgelenkt wird[9].

- Hyperaktivität: Die Kinder zappeln herum und haben große Schwierigkeiten, sich ruhig zu verhalten, wenn man es von ihnen erwartet. Die motorische Unruhe manifestiert sich auch durch das Herumrutschen oder das Klettern in unangebrachten Momenten[10].
- Impulsivität: Die Kinder können nicht abwarten, bis sie an der Reihe sind und unterbrechen deswegen andere Kinder oder präsentieren ihre Ergebnisse und Antworten ungefragt[11].

Weiterhin fällt es Kindern und Jugendlichen mit ADHS schwer, schwierige Aufgaben zu Ende zu bringen, die sich erst nach längerer Zeit auszahlen. So fällt zum Beispiel der Gedanke schwer, sich im schulischen Alltag anstrengen zu müssen, um später in Beruf oder Studium erfolgreich zu werden. Stattdessen wird die *„Intensität der Gegenwart"*[12]gesucht, da das Aufmerksamkeits- und Belohnungssystem eine Bestätigung durch unmittelbare Befriedigung benötigt.

Diese Symptome werden in dem ICD-10, der internationalen statistischen Klassifikation der Krankheiten und verwandter Gesundheitsprobleme, unter F90.X als hyperkinetische Störungen gesammelt. Der ICD-10 definiert hyperkinetische Störungen als solche, die charakterisiert sind

> „durch einen frühen Beginn, meist in den ersten fünf Lebensjahren, einen Mangel an Ausdauer bei Beschäftigungen, die kognitiven Einsatz verlangen, und einer Tendenz, von einer Tätigkeit zu einer anderen zu wechseln, ohne etwas zu Ende zu bringen; hinzu kommt eine desorganisierte, mangelhaft regulierte und überschießende Aktivität. Verschiedene andere Auffälligkeiten können zusätzlich vorliegen. Hyperkinetische Kinder sind oft achtlos und impulsiv, neigen zu Unfällen und werden oft bestraft, weil sie eher aus Unachtsamkeit als vorsätzlich Regeln verletzen. Ihre Beziehung

9 Vgl. Gawrilow (2012, S. 21f).

10 Vgl. Gawrilow (2012, S. 21f).

11 Vgl. Gawrilow (2012, S. 21f).

12 Ratey (2003, S. 153).

> zu Erwachsenen ist oft von einer Distanzstörung und einem Mangel an normaler Vorsicht und Zurückhaltung geprägt. Bei anderen Kindern sind sie unbeliebt und können isoliert sein. Eine Beeinträchtigung kognitiver Funktionen ist häufig, spezifische Verzögerungen der motorischen und sprachlichen Entwicklung kommen überproportional oft vor. Sekundäre Komplikationen sind dissoziales Verhalten und niedriges Selbstwertgefühl"[13].

Der ICD-10, der auch in Deutschland zur Diagnostik seine Anwendung findet, unterscheidet zwischen

- Einfacher Aktivitäts- und Aufmerksamkeitsstörung F90.0 und
- Aufmerksamkeitsstörung ohne Hyperaktivität (ADS) F98.8. und
- Hyperkinetische Störung verbunden mit Störung des Sozialverhaltens F90.1 und
- Sonstige bzw. nicht näher bezeichnete hyperkinetische Störungen F90.8 und F90.9.

Ausgeschlossen werden dabei andere Störungen, bei denen eine teilweise 60-80-prozentige Komorbidität der Symptome besteht. Komorbidität meint das Auftreten von weiteren, abgrenzbaren Krankheitsbildern oder auch einzelnen Syndromen zusätzlich zur eigentlichen Erkrankung. Dazu gehören diverse affektive Störungen, Angststörungen, Schizophrenie, Depressionen und tiefgreifende Entwicklungsstörungen[14]. Auch das Risiko später eine Substanzkonsumstörung zu entwickeln ist bei Menschen mit ADHS deutlich erhöht[15].

Damit ein Kind oder Jugendlicher die Diagnose ADHS bekommt, muss eine bestimmte Anzahl von Aufmerksamkeitsschwierigkeiten zu Hause, als auch in der Schule oder im Kindergarten auftreten. Die Diagnose wird in der Regel über standardi-

---

13 Deutsches Institut für Medizinische Dokumentation und Information (DIMDI) im Auftrag des Bundesministeriums für Gesundheit (BMG) unter Beteiligung der Arbeitsgruppe ICD des Kuratoriums für Fragen der Klassifikation im Gesundheitswesen (2018, S. 217).

14 Vgl. Furman (2008, S. 778).

15 Vgl. Estévez-Lamorte et al. (2019, S. 672).

sierte Fragebögen gestellt. In Deutschland wird dafür der Fremdbeurteilungsbogen für Hyperkinetische Störungen (FBB-HKS) verwendet. Ab einem Alter von elf Jahren kann der Selbstbeurteilungsbogen für Hyperkinetische Störungen eingesetzt werden (SBB-HKS)[16]. Die Fragebögen werden unabhängig voneinander von Lehrern und Lehrerinnen oder Erziehern und Eltern ausgefüllt. Dadurch sollen die verschiedenen Lebensbereiche der Klienten beleuchtet und ein unbeeinflusstes Bild erzeugt werden. Die Fragebögen helfen vor allem den Ärzten, die in der Behandlungszeit häufig nicht alle Symptome erfassen können. Ist eine bestimmte Anzahl von Symptomen in einer gewissen Stärke aufzufinden, ist eine Diagnose mit ADHS wahrscheinlich. Die Skalen bestehen aus Verhaltensweisen, die mit einer Ratingskala ausgestattet sind. Hierzu gehören Verhaltensmuster, wie ständige motorische Unruhe, mangelnde Ausdauer beim Spielen, kurze Dauer von spielerischen Beschäftigungen und eine ausgeprägte Aktivität in Situationen, die relative Ruhe verlangen. Weitere Kriterien sind „Abnormitäten von Aufmerksamkeit oder Aktivität", die in Anbetracht des Alters und des Entwicklungsstandes des Kindes sehr ausgeprägt sind[17].Außerdem müssen andere, tiefgreifende Entwicklungsstörungen ausgeschlossen werden können. Die Symptomatik muss mindestens 6 Monate anhalten und bereits vor dem sechsten Lebensjahr aufgetreten sein. Weiterhin muss der Intelligenzquotient über 50 liegen und die Kriterien für Manie, Depression oder Angststörung dürfen nicht erfüllt sein. Neben den Fragebögen und Checklisten kann eine Diagnose außerdem mit psychologischen Tests oder durch neurobiologische Verfahren durchgeführt werden. Etwa ein Drittel aller Jugendlichen mit ADHS zeigt auch noch im Erwachsenenalter einzelne ADHS-Symptome[18].

Die deutsche Ärztekammer (2005) empfiehlt eine multiaxiale Diagnostik, die die Störung auf sechs Ebenen abbildet. Diese Ebenen bestehen aus

---

16 Vgl. Remschmidt (2005, S. 18).

17 Vgl. Schmidt (2019, 10f).

18 Vgl. Remschmidt (2005, S. 36).

- klinisch-psychiatrischen Syndromen,
- umschriebenen Entwicklungsstörungen,
- Intelligenzniveau,
- körperlicher Symptomatik,
- assoziierte aktuelle abnorme psychosoziale Umstände
- und der globalen Beurteilung des psychosozialen Funktionsniveaus.

Eine Diagnostik nur auf Grundlage von Fragebögen oder testpsychologischen Untersuchungen sei nicht möglich[19]. Döpfner und Lehmkuhl (2007) zeigen im folgenden Entscheidungsbaum (Abbildung 1) zur Diagnose von ADHS, welche anderen Erkrankungen ausgeschlossen werden müssen, damit eine sichere Diagnose ADHS gestellt werden kann.

19 Vgl. Remschmidt (2005, S. 13).

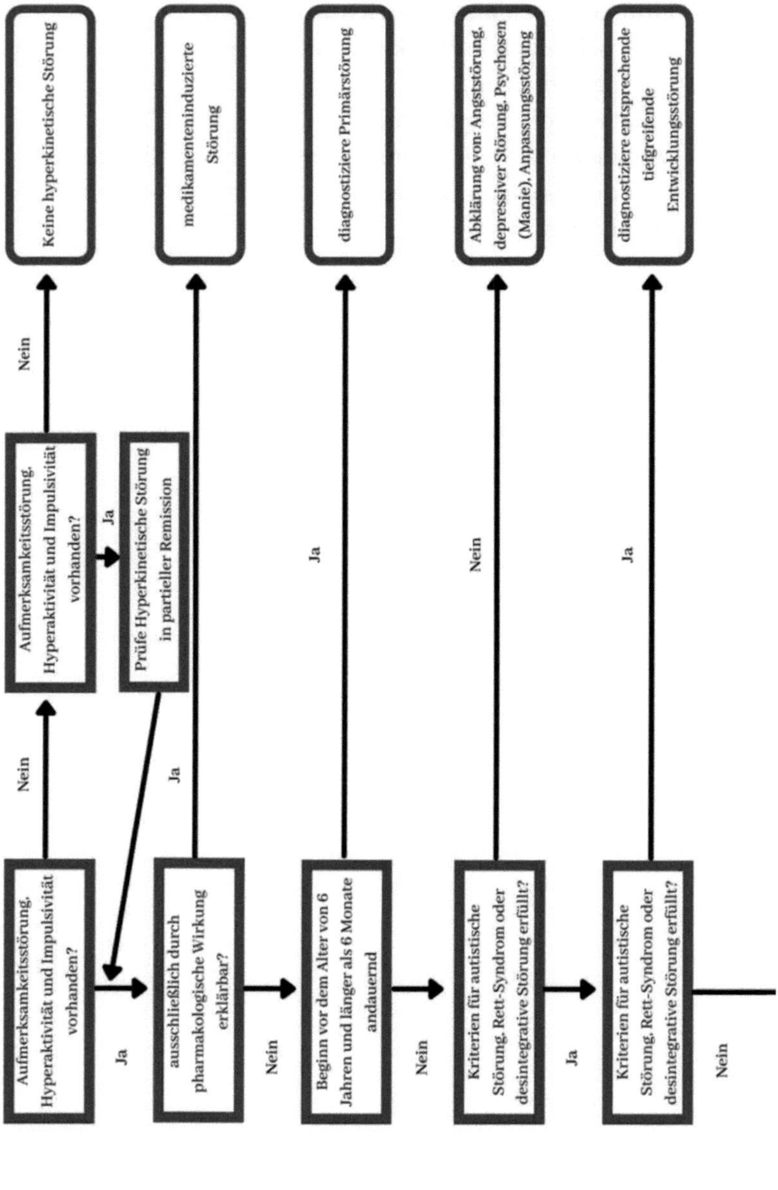
Aufmerksamkeitsstörung, Hyperaktivität und Impulsivität vorhanden?
Nein
Aufmerksamkeitsstörung, Hyperaktivität und Impulsivität vorhanden?
Nein
Keine hyperkinetische Störung
Ja
Prüfe Hyperkinetische Störung in partieller Remission
Ja
ausschließlich durch pharmakologische Wirkung erklärbar?
Ja
medikamenteninduzierte Störung
Nein
Beginn vor dem Alter von 6 Jahren und länger als 6 Monate andauernd
Ja
diagnostiziere Primärstörung
Nein
Kriterien für autistische Störung, Rett-Syndrom oder desintegrative Störung erfüllt?
Nein
Abklärung von: Angststörung, depressiver Störung, Psychosen (Manie), Anpassungsstörung
Ja
Kriterien für autistische Störung, Rett-Syndrom oder desintegrative Störung erfüllt?
Ja
diagnostiziere entsprechende tiefgreifende Entwicklungsstörung
Nein

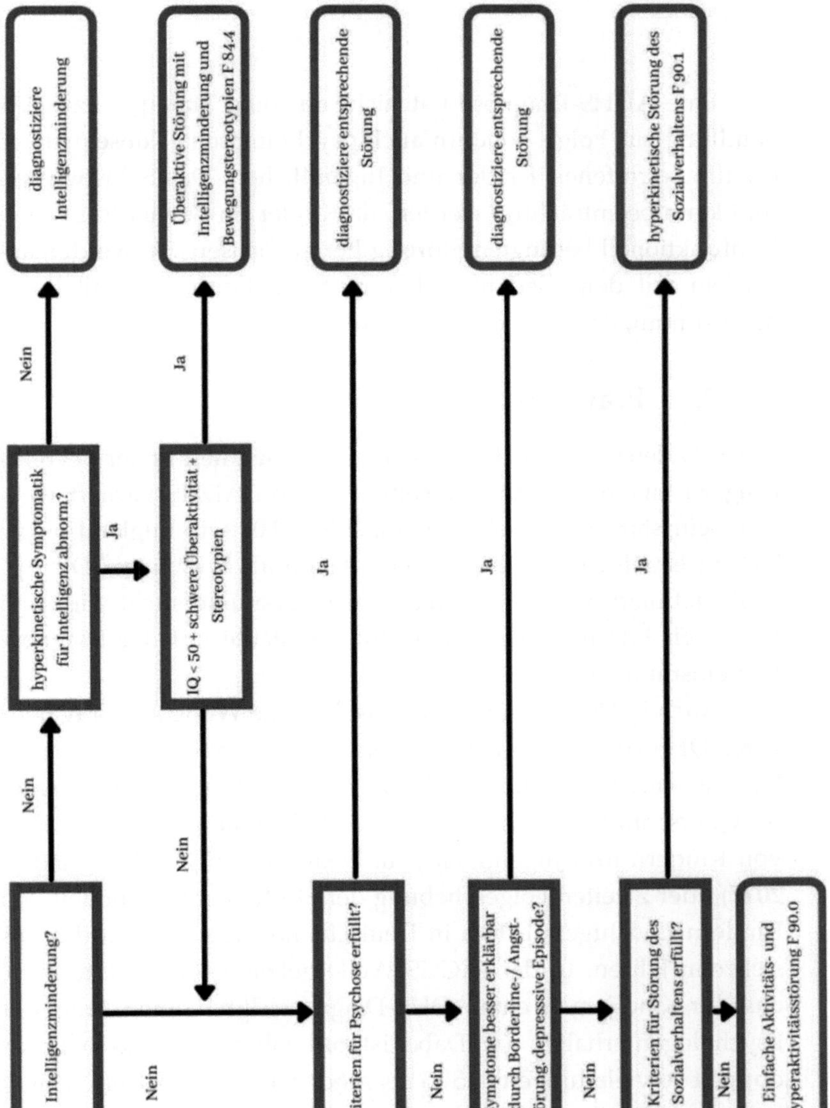

Abbildung 1 - Entscheidungsbaum für die Diagnose hyperkinetischer Störungen

Quelle: In Anlehnung an Döpfner, Lehmkuhl, Schepker, Frölich, (2007)[20]

[20]Döpfner, Lehmkuhl, Schepker und Frölich (2007, S. 241).

Eine ADHS-Diagnose hat nicht nur eine Therapie bzw. Behandlung zur Folge, sondern auch psychologische Konsequenzen für die betroffenen Kinder und Jugendlichen: Das Selbstwertgefühl kann beeinträchtigt werden, da Kinder im Bewusstsein einer hirnfunktionell bedingten Störung heranwachsen. Sie werden außerdem mit dem Gedanken konfrontiert, dass etwas mit ihnen nicht stimmt, dass sie verrückt seien[21].

2.2. Prävalenz

Die Prävalenz, also die Häufigkeit einer Krankheit in der Bevölkerung zu einem bestimmten Zeitpunkt, von ADHS variiert weltweit sehr stark und reicht von angeblich 0,09% in England bis zu 28% in Israel[22]. Die Werte hängen davon ab, wie man ADHS jeweils definiert, welche Bevölkerungsgruppe untersucht wird und inwieweit Eltern, Lehrer*innen und Fachleute mit der Diagnose übereinstimmen.

Auch in Deutschland sind verschiedene Werte zur Prävalenz von ADHS zu verzeichnen, die meisten seriösen Studien stellen allerdings eine Prävalenz von 4,2-5,0 % fest. Aktuelle Daten liefern die Querschnittergebnisse aus der KIGGS („Studie zur Gesundheit von Kindern und Jugendlichen in Deutschland") Welle 2 (2014 - 2017) - der zweiten Folgeerhebung der Studie zur Gesundheit von Kindern und Jugendlichen in Deutschland im Alter von drei bis siebzehn Jahren. In der KIGGS Welle geben 4,4% der Eltern an, dass ihr Kind jemals eine ADHS-Diagnose durch einen Arzt oder Psychologen erhalten hat. Dabei ist zu beobachten, dass mehr als doppelt so viele Jungen (6,5%) als Mädchen (2,3%) betroffen sind. In anderen Umfragen sind Jungen sogar viermal so häufig betroffen wie Mädchen. Während im Kindesalter noch eine niedrige Prävalenz herrscht (0,2%), steigt diese mit dem Schuleintritt, wohl aufgrund der größeren benötigten Konzentration (2,1% ab sechs Jahren) und erreicht ihren Höhepunkt in der Jugend mit einer Prävalenz von 6,9%. Weiterhin ist zu beobachten, dass Kinder und

21 Vgl. Schmidt (2019, S. 231).

22 Vgl. Schmidt (2019, S. 22).

Jugendliche, die in Familien mit einem niedrigen sozioökonomischen Status aufwachsen, signifikant häufiger von ADHS betroffen sind als Gleichaltrige aus sozial bessergestellten Familien. Vergleicht man KIGGS Welle 1 und 2 miteinander ist allerdings ein leichter Rückgang der ADHS-Diagnosehäufigkeit festzustellen. Als Quelle dafür dienen Abrechnungsdaten der Krankenkassen[23].

Grobe stellt fest, dass ein junges Alter der Eltern bei der Geburt sowie der Bezug von Arbeitslosengeld oder Sozialhilfe das Risiko einer ADHS-Diagnose erhöhen. Kinder von Eltern mit Universitäts- oder Hochschulabschluss haben dagegen ein etwa geringeres Risiko, eine ADHS-Diagnose zu bekommen[24]. In Deutschland sind außerdem starke regionale Unterschiede bei der ADHS-Prävalenz zu beobachten. In Unterfranken erhält im deutschen Vergleich die höchste Anzahl an Kindern und Jugendlichen eine F90-Diagnose[25]. Während in den restlichen Gebieten von Deutschland die Diagnoserate F90 bei 11-jährigen Jungen durchschnittlich bei 12 % liegen, so sind in Unterfranken mehr als 18 % der Jungen betroffen. Bei den Mädchen liegt die deutschlandweite Diagnoserate bei etwa 4 %, in Unterfranken sind es wiederum 8,5 % der Mädchen im Alter von 11 Jahren, die eine F90-Diagnose erhalten.[26].

2.3. Erklärungsmodelle

Es gibt in der Medizin noch keine deutliche Klarheit über die tatsächliche Ursache der Störung. Organische Faktoren in Form von diskreter Hirnfunktionsstörung seien ebenso beteiligt wie pränatale Traumata. Auch genetische Faktoren seien aufgrund des unausgeglichenen Geschlechterverhältnisses denkbar[27]. Es existieren verschiedene Theorien zu der Entstehung von ADHS, welche im

---

23 Vgl. Göbel, Baumgarten, Kuntz, Hölling und Schlack (2018, S. 49ff).

24 Vgl. Schlenker et al. (2013, S. 38).

25 Die Prävalenz ist hier bei Grobe et. al höher als in der KIGGS Welle, da alle hyperkinetischen Störungen F90.- aufgenommen wurden.

26 Vgl. Grobe, Bitzer und Schwartz (2013, S. 18).

27 Vgl. Remschmidt (2005, S. 21).

Folgenden dargestellt werden. Eine endgültige Ursache wird die zukünftige Forschung belegen müssen.

2.3.1. Dopaminmangeltheorie

Eine erhöhte Dopamintransporterdichte (DAT) im Gehirn von ADHS-Patienten gilt hierbei als biologische Ursache der Krankheit. Wenn DAT erhöht ist, wird zu viel Dopamin zurücktransportiert, sodass im synaptischen Spalt ein dauernder Dopaminmangel herrscht. ADHS sei also eine Dopaminmangelkrankheit. Diese Theorie wurde allerdings widerlegt, da andere Studien teilweise gegenteilige Ergebnisse, also eine niedrigere Dopamintransporterdichte oder gar keinen Unterschied der ADHS-Klienten zu gesunden Menschen, aufzeigten[28].

2.3.2. Hirnentwicklungsstörung

Andere Forschungsergebnisse wollen die Ursache von ADHS auf die Hirnaktivität zurückführen. Eine verringerte frontale Hirnaktivität ist auf eine weniger starke Durchblutung des Nucleus caudatus zurückzuführen. Der Nucleus caudatus ist eine zum Striatum gehörende Struktur, welche den vorderen Teil des Gehirns mit dem limbischen System verbindet. Nucleus caudatus spielt eine Rolle bei Verhaltenshemmung und Konzentration. Das limbische System wiederum ist teilweise für die Steuerung von Emotion, Motivation und Gedächtnis zuständig. Die Hirnbereiche, die für die Kontrolle und Steuerung des eigenen Verhaltens und die Kontrolle der Emotionen zuständig sind, werden folglich beeinträchtigt. Das reduzierte Hirnvolumen, ein zu geringes Maß an chemischer Aktivität oder eine zu geringe Durchblutung der genannten Hirnbereiche bilden die Grundlage für die Entstehung von ADHS[29]. Die Ursachen für die anomale Hirnentwicklung sind nicht genau bekannt. Es wird vermutet, dass Alkohol- und Nikotinkonsum während der Schwangerschaft, aber auch die genetische Vererbung von bestimmten „ADHS-Genen" dazu beitra-

---

[28] Vgl. Volkow et al. (2007, S. 1188).

[29] Vgl. Barkley, Petermann und Wengenroth (2005, S. 113ff).

gen[30]. Dieser Ansatz blendet Erziehungsfehler und ein schwieriges familiäres Umfeld aus und beharrt darauf, dass ein resultierendes schwieriges häusliches Umfeld nicht die Ursache für das ADHS sei, sondern die Erbanlagen, die Eltern und Kinder gemeinsam haben. Dabei bezieht sich Barkley (2005) vor allem darauf, dass Kinder von Eltern mit ADHS auch eher mit ADHS diagnostiziert werden[31]. Schwangerschafts- und Geburtskomplikationen erhöhen das Risiko einer ADHS. Vor allem zu früh geborene Kinder haben ein stark erhöhtes Risiko, an ADHS zu erkranken. Außerdem würde durch einen *„negativen, kritischen und autoritären Umgangsstil von Seiten der Mutter gegenüber ihren hyperaktiven Kindern"*[32] das Fortbestehen einer Verhaltensproblematik befürwortet werden, dies sei aber nicht der Auslöser einer ADHS.

2.3.3. Umwelteinflüsse

Schmidt (2019) wählt einen Ansatz zur Erklärung, der vor allem auf Erfahrungen in der Familie Wert legt. Familiäre Beziehungsstörungen seien die Ursache für eine spätere Entwicklung von ADHS. Er stellt ähnlich wie in der KIGGS Welle aus Kapitel 2.2. fest, dass Kinder von Eltern mit schlechter Schulbildung ein erhöhtes Risiko haben, mit ADHS diagnostiziert zu werden[33]. Auch Kinder, die in Familien mit chronischen Eltern-Kind-Konflikten aufwachsen, sind eher davon bedroht, an ADHS und anderen Verhaltensstörungen zu erkranken[34]. Schmidt knüpft an der Neurowissenschaft an und betont, dass das *„Gehirn weniger programmatisch fertig und verhaltensverursachend sei, sondern zeitlebens >plastisch<", also je nach Input ständig veränderbar"* ist[35]. ADHS sei keine vererbte genetische Disposition, sondern *„ein Wechselspiel von (nicht ADHS-spezifischer) genetischer Grundausstattung und anschlie-*

30 Vgl. Remschmidt (2005, S. 21).

31 Vgl. Barkley et al. (2005, S. 137).

32 Barkley et al. (2005, S. 141).

33 Vgl. St Sauver et al. (2004).

34 Vgl. Burt, Krueger, McGue und Iacono (2003, S. 511f).

35 Schmidt (2019, S. 67).

ßendem Input"[36]. Der Input meint dabei die Erziehungs- und Umwelteinflüsse, die auf das Kind einwirken. Hirnfunktion und Hirnstrukturen verändern sich also durch neue Erfahrungen. Psychische Prozesse, zum Beispiel Lernerfahrungen, haben einen messbaren Einfluss auf hirnfunktionelle Vorgänge[37]. Daraus resultiert eine zu erreichende dauerhafte Verhaltensänderung als Ziel der Psychotherapie zur Behandlung der ADHS mit der Folge einer Hirnfunktionsänderung. So könnten Psychopharmaka nicht nur ersetzt werden, sondern im Gegensatz zu ihnen, eine über die Behandlung hinaus andauernde Verhaltensänderung bewirken. ADHS-Kinder können, wenn sie in einem günstigen sozialen Milieu aufwachsen, keine oder nur minimale Symptome der ADHS entwickeln. Deswegen fordert Schmidt[38], dass auch die Umwelt in eine Behandlung eines ADHS-Kindes mit eingebunden werden müsse. Es müsse das störende Milieu des Kindes, also Familie, Kindergarten oder Schule mit behandelt werden.

2.3.4. Ganzheitlicher Ansatz

Neurobiologe Gerald Hüther (2006), einer der großen Kritiker im Umgang mit ADHS, sieht die Ursache nicht rein biologisch oder genetisch, sondern geht von einem ganzheitlichen Ansatz aus. Er vermutet, dass gestörte Bindungsbeziehungen, fehlende Strukturen und Rituale, Stress und inkompetente Erziehungsstile, Überlastung der Eltern und die daraus resultierende übermäßige und stressige Reizexposition aufseiten der primären Bezugspersonen dafür verantwortlich sind, dass eine zu frühe und zu starke Stimulation dopaminerger Neurone im Mittelhirn stattfindet und einen Kreislauf zwischen neuronalen Strukturen und Umwelterfahrungen auslöst. Dieser führt später zu übermäßig expansivem Verhalten und mangelhafter autonomer Impulskontrolle. Kinder, die bereits in jungen Jahren gestresst sind, entwickeln also ein überentwickeltes dopaminerges System. Wenn sie dann weiterhin unter ungünstigen psychologischen Bedingungen heranwachsen, unter

---

36 Schmidt (2019, S. 67).

37 Vgl. Rüegg (2007, S. 21).

38 Vgl. Schmidt (2019, S. 104).

denen ihre erhöhten, zerebralen Angebote nicht genutzt und stabilisiert werden können, kommt es zu einer Rückbildung nicht genutzter Strukturen und damit zu einer unzureichend entwickelten exekutiven Frontalhirnfunktion[39]. Die Folgen sind demnach Defizite in der Impulskontrolle, Handlungsplanung und Folgenabschätzung. Hüther bezeichnet dies als *„Teufelskreis übersteigerten Antriebs und gleichzeitig mangelhafter Antriebskontrolle"*[40].

Die deutsche Ärztekammer fasst zusammen, dass die Ursachen und Entstehungsbedingungen von ADHS noch *„nicht vollständig geklärt"*[41]seien. Man gehe aber davon aus, dass ADHS nicht auf eine einzige Ursache zurückzuführen sei, sondern mehrere Komponenten an der Verursachung beteiligt seien. Das Auftreten von ADHS sei nicht auf die Veränderung einzelner Gene zurückzuführen. Eine multifaktorielle Genese verschiedener Gene und/oder die Wechselwirkung zwischen genetischen und exogenen Faktoren (zum Beispiel DAT-10, ein Gen, das mit ADHS in Verbindung gebracht wird, aber auch mütterliches Rauchen oder Trinken) seien eventuell die Ursache[42].

Abschließend kann resümiert werden, dass die Wissenschaft sich weiterhin uneinig bei der eigentlichen Ursache der ADHS ist. Aktuelle Forschungsergebnisse zeigen jedoch eine Tendenz zu einer multifaktoriellen Ursache, sprich einer Mischung aus ungünstigen Umweltfaktoren als auch genetischen Dispositionen.[43]

2.4. Gibt es ADHS wirklich?

Insgesamt betrachtet lassen sich zwei Lager in der Diskussion um ADHS stets wiederfinden:

Die Seite, die von der Existenz von ADHS absolut überzeugt ist und Handlungsanweisungen für betroffene Eltern und Lehrer*innen schreibt. Dazu gehört zum Beispiel der amerikamische

---

39 Vgl. Hüther (2006, 225ff).

40 Hüther (2006, S. 232).

41 Remschmidt (2005, S. 21).

42 Vgl. Remschmidt (2005, S. 21).

43 Vgl. Remschmidt (2005, S. 21f).

Psychologe Russel A. Barkley. Barkley ist der Ansicht, dass ADHS eine genetisch bedingte und vererbte Erkrankung ist[44] und blendet bei seinen Werken die Rolle der Eltern und der Familie weitestgehend aus. Bereits auf dem Cover von Barkleys Buch „Das große ADHS-Handbuch für Eltern" entdeckt man den folgenden Kommentar: *„Es geht nicht mehr darum, <<Schuldige>> zu finden: ADHS ist primär genetisch bedingt und kann medikamentös beeinflusst werden"*[45]. Diese Strömung schließt eine Entwicklung von ADHS durch falsche Erziehung, Ernährung, als Folge von Drogen oder Alkoholkonsum während der Schwangerschaft, als auch durch Traumata, aus[46]. Diese Bewegung verteidigt in der Regel die medikamentöse Behandlung und blendet die Nebenwirkungen der Medikamente weitgehend aus. Viele Eltern unterstützen diese Theorie und erfreuen sich darüber, wenn ihr Kind wegen ADHS hochintelligent oder besonders kreativ ist, obwohl dafür keinerlei Belege vorliegen[47].

Auf der anderen Seite der Debatte stehen die Kritiker des „Konstrukt ADHS", die daran zweifeln, dass ADHS tatsächlich eine reelle Erkrankung ist und nicht nur ein bequemer Weg, um Kinder mit Medikamenten zu sedieren, damit sie für ihre Umgebung weniger Anstrengung verursachen. Kritik wird hier vor allem auch gegenüber der Diagnose geäußert. Die Fragebögen seien zu vage formuliert und Angaben wie „oft" oder „exzessiv" würden einen zu großen Spielraum für den Diagnostiker darbieten. Verhaltensweisen, die für die Eltern und Lehrer*innen als „ärgerlich" gelten, würden als Grundlage für eine angebliche Hirnstörung hingestellt, während kulturelle, schulische und familiäre Kontexte bei der Diagnose vollständig ausgeblendet werden würden[48]. Der Kriterienkatalog von ADHS sei eine *„Liste von Wertungen von Verhaltensweisen, die für bestimmte Vertreter der Gesellschaft als unerwünscht gelten, was eine normative Setzung und keine medizi-*

44 Vgl. Barkley et al. (2005, S. 123f).

45 Barkley et al. (2005).

46 Vgl. Barkley et al. (2005, S. 126ff).

47 Vgl. Schmidt (2019, S. 94ff).

48 Vgl. Riedesser (2006, S. 114).

nische Datenerhebung darstelle"[49]. Diese Strömung in der ADHS-Forschung steht vor allem der Verwendung von Ritalin als präsenteste Behandlungsmethode kritisch gegenüber. Hier wird eher eine multimodale Behandlung oder ein psychotherapeutischer Ansatz ohne Psychopharmaka verfolgt. Zu den präsentesten Vertretern dieser Ausrichtung gehören unter anderem der deutsche Neurobiologe Gerald Hüther und die amerikanische Ärztin Lydia Furman. Moderne Forschungsergebnisse zeigen, dass nur bei einer geringen Zahl der mit ADHS diagnostizierten Kinder und Jugendlichen tatsächlich eine Aufmerksamkeitsstörung vorliegt[50]. Das, was aus dem Umfeld des Kindes als Aufmerksamkeitsstörung beschrieben wird, sei motivational, durch Über- und Unterforderung und seelische Belastungen zu erklären. Es gäbe überhaupt keine ADHS-typischen Symptome. Alle ADHS-Symptome seien unspezifisch und eigentlich nur normale charakterliche Eigenschaften oder Teil einer anderen Störung, die durch unsorgfältige Ausschlussverfahren nur nicht gefunden wurden[51].

2.5. Methylphenidat - Ritalin und Medikinet

2.5.1. Wirkung, Nebenwirkung und Verschreibung

Ritalin und Medikinet sind die in Deutschland am häufigsten verschriebenen Mittel zur Behandlung von ADHS[52]. Der Wirkstoff von Ritalin und Medikinet ist Methylphenidat. Methylphenidat gehört zur Gruppe der substituierten Phenylethylamine und ist ein psychomotorisches, verhaltensbeeinflussendes Stimulans. Die chemische Struktur ist mit der von Amphetamin verwandt. Methylphenidat blockiert den Dopamintransporter, woraufhin eine Wiederaufnahmehemmung von Dopamin aus dem synaptischen Spalt stattfindet[53]. Methylphenidat ist betäubungsmittelpflichtig, es ist also nur auf Rezept in der Apotheke zu erhalten und nicht

49 Schmidt (2019, S. 28).

50 Vgl. Huang-Pollock, Nigg und Carr (2005, S. 1217).

51 Vgl. Schmidt (2019, S. 113).

52 Vgl. Lohse und Müller-Oerlinghausen (2019).

53 Vgl. Benkert, Hautzinger und Graf-Morgenstern (2016, S. 122).

frei zugänglich. Zu den häufigsten Nebenwirkungen gehören Schlafstörungen, Appetitminderung, Tachykardie, Blutdruckerhöhung und Bauchschmerzen. Weiterhin besteht ein gewisses Missbrauchs- und Abhängigkeitsrisiko[54]. Methylphenidat hat eine Wirkung, die sehr ähnlich zu der von Amphetaminen wie zum Beispiel Kokain ist. Die Wirkung variiert aufgrund der Form des Konsums - Kokain wird in der Regel geschnupft, Ritalin wird als Pille konsumiert[55].

Die Barmer GEK stellt im Jahr 2011 fest, dass 44,6% aller mit einer hyperkinetischen Störung diagnostizierten Klienten Methylphenidat zu sich nahmen, während vergleichsweise 9,5% Kontakt zu einem Psychotherapeuten hatten[56].

Zu Beginn der Behandlung wird eine Dosis von 5-10mg am Tag verabreicht, diese kann bis auf maximal 60mg am Tag gesteigert werden. Das Medikament wird über den Tag verteilt in ein bis drei Tagesdosen konsumiert. Diese sollten so liegen, dass der Betroffene die *„kritischen Tagesanforderungen"*[57] wie Schule oder Hausaufgaben bewältigen kann. Die Wirkungsdauer von Ritalin liegt bei etwa vier Stunden. Damit das Medikament über den gesamten Tag wirkt, gibt es auf dem Markt retardiert wirkende Präparate, die eine langfristigere Wirkstofffreisetzung ermöglichen. Diese erreichen eine Wirkung von bis zu zwölf Stunden. Dazu gehören Ritalin LA (longacting, lange wirkend) und Ritalin SR (sustained release, Freisetzung mit konstanter Geschwindigkeit)[58]. Stimulanzien werden verschrieben, wenn eine Diagnose nach ICD-10 Kriterien gegeben ist, die Symptomatik ausgeprägt ist und eine psychoedukative oder psychotherapeutische Hilfe nicht umsetzbar oder innerhalb einiger Wochen nicht hilfreich war. Wenn die Symptomatik sich hauptsächlich im schulischen Bereich zeigt, können Therapiepausen, zum Beispiel in den Ferien, eingelegt werden. Wird mit Methylphenidat keine ausreichende Wirkung

---

54 Vgl. Benkert et al. (2016, S. 122f).

55 Vgl. Schmidt (2019, S. 252).

56 Vgl. Grobe et al. (2013, S. 200).

57 Remschmidt (2005, S. 28).

58 Vgl. Cascade, Kalali und Weisler (2008, S. 24ff).

beobachtet, werden d-l-Amphetamine empfohlen. Falls das Medikament die erwünschte Wirkung zeigt, wird eine mehrjährige kontinuierliche Medikation empfohlen[59].

Als Amphetamin-Abkömmling sorgt Ritalin dafür, dass der Benutzer wach bleibt. Gleichzeitig vermindern sich die Aufmerksamkeitsstörungen, Hyperaktivität, Impuls-Kontroll-Störungen und aggressives Verhalten[60]. Das Stimulans Ritalin erhöht die Verfügbarkeit von Dopamin und Noradrenalin im Gehirn und erhöht somit die Aktivität der Hirnzellen, die wie oben beschrieben, für die Hemmung von Verhalten und Konzentration zuständig sind[61]. Die Sinne werden geschärft und der Benutzer wird ruhig. Dabei sind die Effekte allerdings nicht nur bei ADHS-Patienten zu beobachten, sondern auch bei Menschen ohne ADHS[62]. Nach einer Absetzung der Medikation hält die symptomreduzierende Wirkung abgeschwächt weiter an[63].

Bei 50 bis 95 % der Kinder und Jugendlichen mit ADHS ist eine Verbesserung in den Bereichen „allgemeines Verhalten", „schulische Leistung" und „soziale Integrationsfähigkeit" als Folge einer Medikation zu beobachten[64].

Die Menge an verschriebenem Ritalin ist seit der ursprünglichen Einführung immens gestiegen. In Deutschland bekommen knapp 7% aller elfjährigen Jungen Methylphenidat verordnet[65]. Aus Abbildung 2 ist zu entnehmen, dass während 1994 noch deutschlandweit 42 kg Ritalin verschrieben wurden, es 2012 schon 1839 kg waren.

59 Vgl. Remschmidt (2005, S. 28f).

60 Vgl. Remschmidt (2005, S. 27).

61 Vgl. Barkley et al. (2005, S. 118f).

62 Vgl. Schmidt (2019, S. 222).

63 Vgl. Remschmidt (2005, S. 27).

64 Vgl. Barkley et al. (2005, S. 393).

65 Vgl. Schlenker et al. (2013, S. 4).

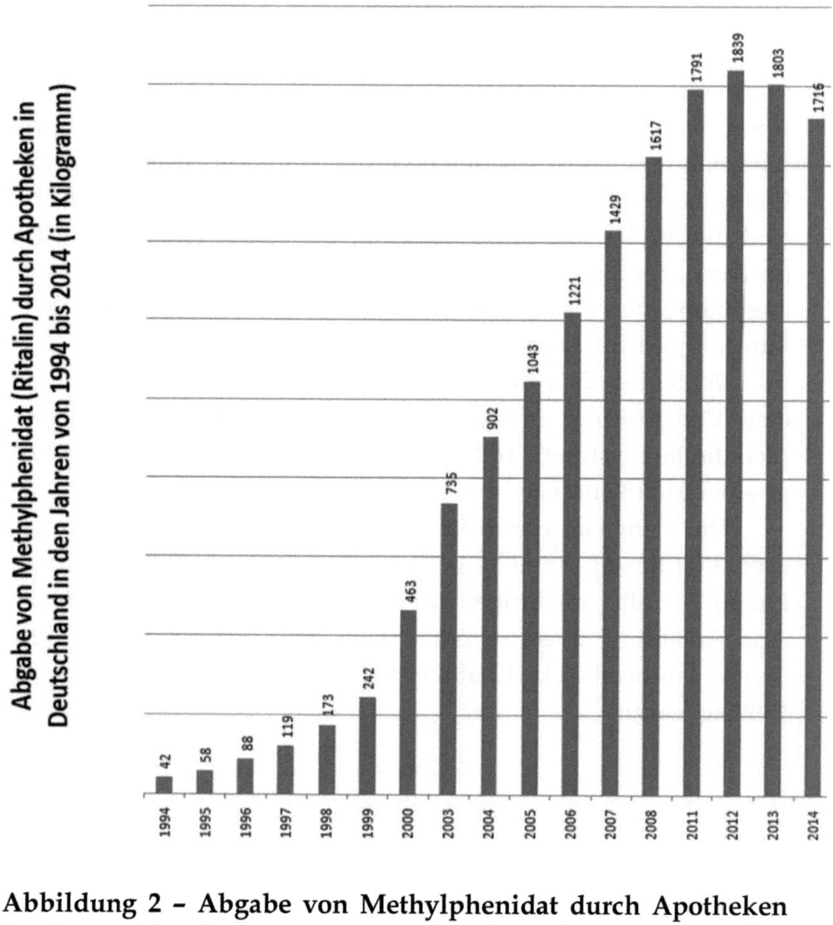

Abbildung 2 - Abgabe von Methylphenidat durch Apotheken in Deutschland in den Jahren von 1994 bis 2014 (in Kilogramm)[66]

Quelle: In Anlehnung an Bundesintitut für Arzneimittel und Medzinprodukte (2015)[67], zitiert nach de.statista.com

[66] Um die Grafik übersichtlicher zu gestalten wurde auf die Darstellung einzelner Jahre verzichtet

Es ist eine mehr als 40-fache Erhöhung an Ritalinkonsum seit dessen Einführung als Medikament zu beobachten[68]. Das Jahr 2013 zeichnet das erste Jahr mit rückläufigem Ritalinkonsum seit 1993[69]. Dabei ist es fraglich, ob die Anzahl der ADHS-Diagnosen gesunken ist, oder Familien auf alternative Behandlungsmethoden umgestiegen sind. In Deutschland bestehen starke Unterschiede bezüglich Methylphenidat-Behandlungen. Die Region, in der deutschlandweit am meisten ADHS-Diagnosen und folglich Ritalin-Verordnungen gestellt werden, ist Unterfranken. Bei den Jungen aus Unterfranken in der Altersgruppe zehn bis zwölf erhalten 18,8 % die Diagnose ADHS, während 13,3 % auch Ritalin verschrieben bekommen. Auch hier sind wieder starke regionale Unterschiede zu beobachten, da Unterfranken mit der Menge an verschriebenem Ritalin deutlich über dem deutschen Schnitt von 6,5 % liegt. Es wird vermutet, dass dies einer Ballung von spezialisierten Zentren und ADHS-Experten zu verdanken ist[70]. Auch wenn der Ritalinkonsum rückläufig ist, wird in Abbildung 3 dargestellt, dass seit 2013 eine steigende Vergabe von Lisdexamfetamin zu beobachten ist[71].

---

67 Bundesinstitut für Arzneimittel und Medizinprodukte (2015).

68 Vgl. Bundesinstitut für Arzneimittel und Medizinprodukte (2015).

69 Vgl. spiegel.de (2014).

70 Vgl. Grobe et al. (2013, S. 219f).

71 Vgl. Lohse und Müller-Oerlinghausen (2019).

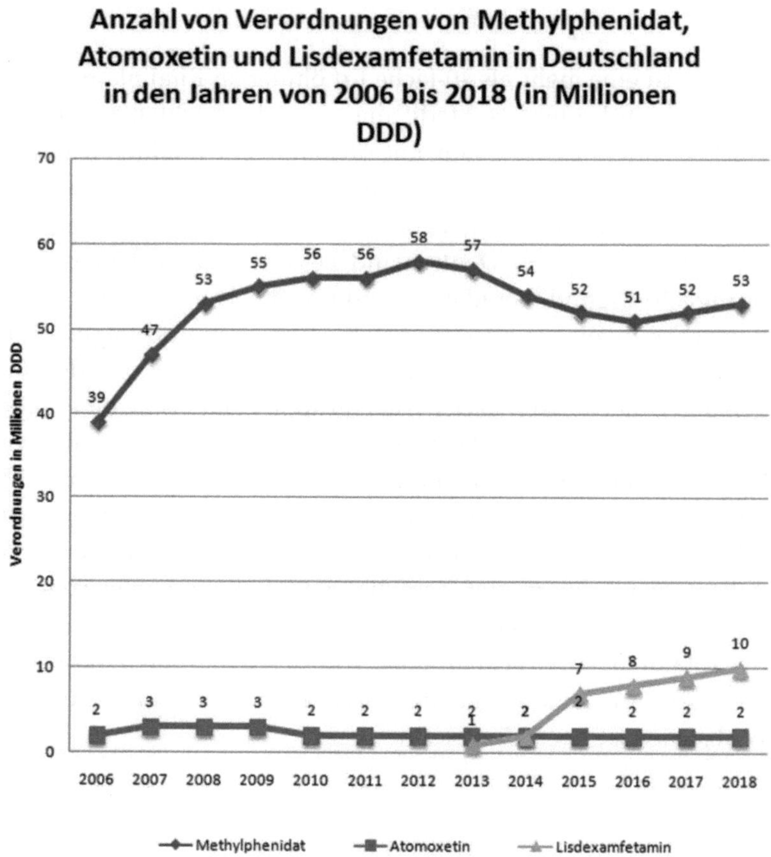

Abbildung 3 - Anzahl der Verordnungen von Mehtylphenidat, Atomoxetin und Lisdexamfetamin in Deutschland in den Jahren 2006 bis 2018(in Millionen DDD[72])

Quelle: In Anlehnung an Lohse und Müller-Oerlinghausen (2019)[73], zitiert nach de.statista.com

---

72 DDD bedeutet „Defined Daily Dose" und meint die Dosis eines Medikaments, die im Durchschnitt pro Tag verordnet wird. Es meint die Tagesdosis eines Medikaments.

73 Lohse und Müller-Oerlinghausen (2019).

Lisdexamfetamin ist ein Abkömmling des Dexamfetamins und wird Kindern ab 6 Jahren verschrieben, die nur unzureichend auf eine Behandlung mit Methylphenidat reagieren. Seit seiner Einführung im Jahr 2013 erfreut sich das Medikament an Popularität - die Anzahl der Verordnungen steigt kontinuierlich an. Neben Ritalin und Lisdexamfetamin wird Kindern und Jugendlichen zudem Atomoxetin (Strattera) verschrieben. Es hat mit gehäuften Leberschäden und Angst, Depressionen und Aggressionen[74] im Vergleich zu Ritalin sehr starke Nebenwirkungen, stellt aber auch nur die zweite Wahl bei der ADHS-Behandlung dar[75]. Im Vergleich zu Methylphenidat und Lisdexamfetamin wird Atomoxetin relativ selten verschrieben. Eine weitere medikamentöse Behandlung stellt die Vergabe von Amphetamin, hierzulande in Form von Attentin, dar. Auf dem amerikanischen Markt findet man außerdem Adderall, ein Gemisch aus Amphetamin-Salzen[76].

2.5.2. Kritik

Nachdem es lange Zeit keine bekannten Langzeitschäden von Ritalin gab, da Studien fehlten, die sich mit der Thematik auseinandersetzten, gibt es mittlerweile erkennbare Langzeitfolgen. Lissa und Rivkees (2003) stellen fest, dass Ritalin in den ersten zwei Jahren der Medikation das Körperwachstum von Kindern um 2-3 Zentimeter hemmt, während das Gewicht weiterhin normal zunimmt[77]. Erst 2016 fanden Feuer et al. heraus, dass zu den möglichen Langzeitschäden von Ritalin eine verringerte Knochendichte bis hin zur Osteoporose gehören. In der Jugend und dem jungen Erwachsenenalter werden die Knochen gestärkt und die Knochendichte aufgebaut. So weist vor allem die Einnahme von Stimulanzien in diesem Lebensabschnitt bleibende Folgen auf, da

---

74 Vgl. Schmidt (2019, S. 228f).

75 Vgl. Benkert et al. (2016, S. 124).

76 Vgl. Sherzada (2012, S. 2).

77 Vgl. Lisska und Rivkees (2003, S. 711).

der Aufbau gesunder Knochen später nicht nachgeholt werden kann[78].

Lydia Mary Furman (2008) beobachtet eine hohe Komorbidität (60-80%) zwischen ADHS und anderen psychischen Erkrankungen. Diese sind vor allem oppositionelles Trotzverhalten, eine Störung des Sozialverhaltens, Depressionen und Angst- und Lernstörungen. Sie schlussfolgert, dass ADHS weniger als eine neurobiologische Erkrankung zu sehen ist, sondern stattdessen als eine Konstellation von Symptomen, welchen Aufmerksamkeit geschenkt werden muss. Sie stellt fest, dass Kinder, aber auch Erwachsene, bei denen Hyperaktivität, Impulsivität oder Unaufmerksamkeit beobachtet wird, stattdessen medizinische, emotionale oder psychosoziale Konditionen besitzen, um die sich die Medizin kümmern sollte.[79]

Die Kritik gegenüber einer medikamentösen Behandlung verbreitet sich zunehmend in Expertenkreisen: Der internationale Suchtstoffkontrollrat äußert seine Bedenken gegenüber einer möglichen Überdiagnose von ADHS und einer daraus resultierenden Überverschreibung von Psychostimulanzien wie Ritalin. Ritalin solle nicht mehr für potenzielle Kunden beworben werden[80]. Der Psychologe Andreas Müller befürchtet, dass beinah 40-50% aller ADHS-Diagnosen fälschlicherweise getroffen werden[81]. Kritiker einer medikamentösen Behandlung betonen, dass Ritalin keine dauerhaften Verhaltensänderungen hervorrufe, die effektiver wären, als die einer psychotherapeutischen oder hausärztlichen Behandlung[82]. Sie kritisieren, dass Ritalin als leichte Droge Kinder und Jugendliche nur künstlich-pharmakologisch ruhig halte, anstatt eine reale und dauerhafte Verbesserung für die Betroffenen zu bewirken.

Fleishman und Kaliski (2017) stellen fest, dass für viele Jugendliche ADHS weniger als eine Krankheit von den Betroffenen

---

78 Vgl. Feuer, Thai, Demmer und Vogiatzi (2016, S. 7).

79 Vgl. Furman (2008, S. 780).

80 Vgl. International Narcotics Control Board (2016, S. 48).

81 Vgl. Frühbuss (2019).

82 Vgl. Molina et al. (2009, 484).

wahrgenommen wird, sondern mehr als Charakterzug, welcher Vor- und Nachteile mit sich bringt. Die befragten Jugendlichen kritisieren, dass sie durch den Konsum von Ritalin weniger glücklich seien und sie sich in sozialen Situationen durch das Medikament eingeschränkt fühlten. Die meisten Teilnehmenden berichten, dass Ritalin ihre Präferenzen verändert. Das Verlangen nach körperlicher Aktivität und sozialer Interaktion sei verringert, während der Wunsch, still zu sitzen und zu lernen vergrößert werden würde. Was für die Eltern und Lehrer*innen eine erfreuliche Nachricht sein mag, sehen die Jugendlichen aber eher negativ. Sie haben das Gefühl, die Autonomie über ihr Leben zu verlieren und Gefühle weniger intensiv wahrzunehmen. Dabei beschreiben sich mehrere Jugendliche unter dem Einfluss von Ritalin als apathisch, als *„nicht depressiv, aber weniger glücklich"*[83]. Unter Einfluss des Medikaments würden sie sich nur noch auf einzelne Sachen konzentrieren, was die soziale Interaktion der meisten Teilnehmenden negativ beeinträchtige. Die Auswirkung auf das Verhalten durch das Medikament wird erst nach dem Absetzen von Selbigem oder durch Feedback von Dritten wirklich realisiert. Die Teilnehmenden sehen ADHS als einen Teil ihrer Persönlichkeit, die ihnen einerseits Probleme bereitet und ihnen das Lernen erschwert, die ihnen aber andererseits mit Spontanität, Energie und sozialen Fähigkeiten das Leben erfüllt. Die befragten Jugendlichen geben teilweise an, dass sie auf eine *„freiwillige Selbstmedikation"*[84] umgestiegen sind: In ihrem Privatleben verzichten sie auf den Einsatz des Medikaments, wenn sie für Prüfungen lernen oder Prüfungen schreiben, setzen sie es wieder ein, um sich die konzentrationssteigernde Wirkung zunutze zu machen[85].

Auch die psychologischen Folgen können durchaus negativ sein: Diagnostizierte Kinder wachsen in dem Bewusstsein heran, dass sie unter einer hirnfunktionell bedingten Störung leiden, dass irgendwas mit ihnen nicht stimmt. Dies hat negative Folgen für das Selbstwertgefühl. Die darauffolgende Vergabe des Medika-

83 Fleishmann und Kaliski (2017, S. 425).

84 Fleishmann und Kaliski (2017, S. 426).

85 Vgl. Fleishmann und Kaliski (2017, S. 426).

ments werde nicht selten als Strafe für unangebrachtes, negativ gedeutetes Verhalten erlebt[86].

2.5.3. Schlussfolgerung

Ritalin zeigt bei den Kindern und Jugendlichen, die es konsumieren, in der Regel die erwünschten Effekte: Ein erhöhter Fokus, bessere Schulnoten, weniger impulsives Verhalten und eine erhöhte soziale Kompetenz. Auf der anderen Seite steht die Fragwürdigkeit einer dauerhaften Medikation. Zu den langfristigen Nebenwirkungen gibt es bisher nur spärliche Studien und die unmittelbaren Nebenwirkungen scheinen, im Kontrast zu den Vorteilen, unterzugehen. Sollte nun also komplett auf Ritalin verzichtet werden, oder sollte es weiterhin als Wundermittel gegen ADHS angepriesen werden? Die meisten Studien zu der Thematik beschäftigen sich mit den biologischen und chemischen Vorgängen, die im Körper stattfinden. Weiter im Hintergrund stehen dabei allerdings ethische Fragen: Sollte ein Kind bereits im Alter von 6 Jahren täglich mit Medikamenten beruhigt werden?

Die im vorigen Kapitel erwähnte Studie von Fleishmann und Kaliski aus dem Jahr 2017 zeigt, dass abgesehen von Kosten-Nutzen-Analysen und Abwägungen zwischen positiven und negativen Effekten auch die subjektive Wahrnehmung der Kinder und Jugendlichen berücksichtigt werden sollte, da eine dauerhafte Medikation einen nicht zu unterschätzenden Einfluss auf das Leben der Betroffenen hat.

Allgemein sollten also die Vor- und Nachteile von Ritalin abgewägt und darüber nachgedacht werden, ob der schulische Erfolg und die Beruhigung des Kindes einen Verlust der eigenen Autonomie und potenzielle Langzeitschäden wert sind. Schmidt (2019) ist überzeugt davon, dass Medikation nur im *„wohlüberlegten Einzelfall"* (S. 235), also bei knapp 10% der ADHS-Fälle, verwendet werden sollte. Stattdessen sollten alternative Behandlungsmöglichkeiten, die eine langfristige Besserung der Symptomatik unterstützen, eingesetzt werden.

86 Vgl. Schmidt (2019, S. 230).

2.6. Alternative Behandlungsmöglichkeiten

2.6.1. Psychotherapie (Patientenzentriert)

Grundlage jeder therapeutischen Intervention bildet die Psychoedukation der Eltern, aber auch der betroffenen Kinder und Jugendlichen. Dabei werden den Betroffenen Informationen über die Störung, die Diagnose, Ursachen und den möglichen Verlauf vermittelt. Ziele einer Psychotherapie sind der Aufbau von positiven Lehrer*innen-/Eltern-Kind-Interaktionen, die Strukturierung des Alltags durch klare Richtlinien und Regeln, die Anwendung von positiven Verstärkern und negativen Konsequenzen, um die Verhaltensprobleme zu vermindern. Dies kann über verschiedene Formen geschehen. Im Kinder- und Jugendalter sind Konzentrations- und Selbstinstruktionstrainings und Selbstmanagementmethoden am geläufigsten. Diese zielen darauf ab, die Selbstregulationsfähigkeit zu beeinflussen. Die Betroffenen sollen lernen, in ihrem Umfeld auf ihre eigenen Verhaltensprobleme zu achten, sie zu registrieren und sich für erfolgreiche Situationsbewältigung selbst positiv zu verstärken. Die Grundlage solcher Psychotherapien bilden Programme und Manuale wie THOP (Therapieprogramm für Kinder mit hyperkinetischem und oppositionellem Problemverhalten) und SELBST (Therapieprogramm für Jugendliche mit Selbstwert, - Leistungs- und Beziehungsstörungen).[87]

2.6.2. Neurofeedback (Patientenzentriert)

Beim Neurofeedback werden den Klienten Informationen über ihre eigene Hirnaktivität rückgemeldet. Dies geschieht über Elektroden, die am Kopf des Klienten angebracht werden und die elektrische Aktivität des Gehirns mit Hilfe von EEG aufzeichnen. Anschließend werden die Daten ausgewertet. In 25 - 40 Sitzungen über drei bis zehn Monate lernt das Kind durch mentale Übungen und Feedbacktraining die gezielte Selbstregulation der eigenen Gehirnaktivität[88]. So können Symptome der Unter- oder Überer-

87 Vgl. Döpfner (2008, S. 779).

88 Vgl. Schumann, Favreau, Pfeuffer und Naab (2017, S. 30).

regung beeinflusst werden[89]. Als Folge sollen Unaufmerksamkeit, Hyperaktivität und Impulsivität reduziert werden und gleichzeitig Konzentration und Aufmerksamkeit aufgebaut werden[90].

2.6.3. Familientherapie (Eltern- und familienzentrierte Ansätze)

Bei der Familientherapie steht das Familiensystem im Mittelpunkt der Behandlung. Es wird davon ausgegangen, dass die individuellen Symptome eines Familienmitglieds nur durch bestimmte familiäre Dynamiken aufrechterhalten werden. Diese Dynamik muss verändert werden, um folglich die Symptomatik abzuschwächen[91]. Die Familientherapie findet ihre Wurzeln in den systemischen Ansätzen, in der der Einzelne immer innerhalb von seinem Umfeld betrachtet wird. Entscheidend sind die Beziehungen zwischen den einzelnen Elementen in einem System. Noch weiter geht diese Idee, wenn auch noch das weitere Umfeld, also zum Beispiel die Schule, in die Therapie miteinbezogen wird. Neraal (2012) betrachtet dabei die unspezifischen Phänomene Aufmerksamkeitsstörung, Impulsivität und Hyperaktivität als einen Ausdruck von inneren Spannungszuständen, deren genauer psychodynamischer Hintergrund erst entschlüsselt werden muss. Dies geschieht in Zusammenarbeit mit der Familie. Gestörte Kommunikationsmuster, Traumata und Beziehungsproblematiken sollen entschlüsselt werden. Der Aufwand der Familientherapie ist größer als bei einer medikamentösen Behandlung, da hier eben nicht nur das Kind mit seiner Symptomatik im Vordergrund steht, sondern der Austausch des Kindes mit seinem Umfeld. Vater, Mutter und im Idealfall auch die Geschwister sollen an der gemeinsamen Therapie teilnehmen[92].

---

89 Vgl. Barkley et al. (2005, S. 116f).

90 Vgl. Heinrich, Gevensleben und Strehl (2007, S. 7ff).

91 Vgl. Schmidt (2019, S. 329f).

92 Vgl. Neraal (2012, S. 143f).

2.6.4. Kindergarten- und schulzentrierte Ansätze

Diese Ansätze stellen in der Regel eine Erweiterung der familientherapeutischen Ansätze dar. Die Lebensbereiche wie Kindergarten und Schule werden mit in die Therapie einbezogen. Grundlage bilden verhaltenstherapeutische Ideen. Token-Systeme werden eingesetzt, um erwünschtes Verhalten zu belohnen, damit sich dieses Verhalten unmittelbar häufiger im schulischen Alltag zeigt. So sollen Aufmerksamkeitsschwächen und Hyperaktivität positiv beeinflusst werden[93].

2.6.5. Multimodale Behandlung

Einen Mittelweg zwischen den verschiedenen Ansätzen stellen multimodale Behandlungen dar. Hierbei sollen die Vorteile der verschiedenen Ansätze genutzt werden, um ein bestmögliches Ergebnis zu erzeugen. Eine medikamentöse Behandlung wird hier also zum Beispiel mit einer Familientherapie oder einem Neurofeedback verbunden. Die multimodalen Ansätze sind häufig Pharmakotherapien, also eine pharmakologische Behandlung in Kombination mit klienten- und umfeldzentrierten psychotherapeutischen Ansätzen[94].

2.6.6. Projekt Via Nova

Die Sinn-Stiftung unter Gerald Hüther versuchte 2009 Erlebnispädagogik (EP) als Therapie gegen ADHS zu verwenden. In der Beschreibung des Programms wird es nicht als EP angeboten, sondern als *„naturnahes Potential-Entfaltungsprogramm"*[95]. Das Konzept lässt jedoch schlussfolgern, dass auf alle Fälle erlebnispädagogische Elemente präsent sind. Nicht nur die Grundidee klingt bereits danach, auch die Anwesenheit von Prof. Dr. Werner Michl – einer der wichtigen Autoren für erlebnispädagogische Lektüren – lässt auf ein erlebnispädagogisches Programm schließen. Gerald Hüther selbst bezeichnet die Wirkungsweise des Projektes als

93 Vgl. Döpfner und Lehmkuhl (2002, S. 423f).

94 Vgl. Pelz, Banaschewski und Becker (2008, S. 769).

95 Purps (2009, S. 1).

„systemische Impulstherapie, die sich an den Ressourcen und Kompetenzen der Kinder orientiert“[96]. Die Kinder seien Teil eines Systems, zu welchem sie beitragen können und von dem sie etwas zurückbekommen, von dem sie geprägt würden[97]. In dem „Via Nova Alpen Projekt (VNAP)“ lebten elf mit ADHS diagnostizierte Jungen im Alter von 8 - 14 Jahren, welche normalerweise unter Medikation in Form von Psychostimulanzien wie Ritalin standen, sechs bis acht Wochen auf einer einsamen Berghütte in den Alpen mit einigen hochqualifizierten Pädagogen, Medizinern und Wissenschaftlern. Dort gab es keinen Fernseher, kein Handy, keinen Zucker und vor allem auch kein Ritalin. Ziel war das *„dauerhafte Natur- und Selbsterleben ohne medikamentöse Einnahmen“*[98]. So kümmerten sich die Jugendlichen zusammen mit den Betreuern um die Alm und die Tiere. Ein weiteres Ziel war die *„sukzessive wachsende Selbstverantwortung“*[99]der Kinder und das Erlernen von neuen Kommunikationsstrukturen. Man wollte den Kindern außerdem genug Raum geben, um selbst schöpferisch tätig zu werden.

Obwohl das Projekt sehr vielversprechend wirkte, standen dem Erfolg leider einige Hindernisse im Weg. Einer der Betreuer des Almprojektes wurde wegen sexueller Gewalt gegen Kinder angeklagt. Es kam wiederholt zu Missbrauchsfällen, teilweise auch auf der Alm[100]. Eine Mutter berichtet nachträglich von ihrer Erfahrung mit dem Projekt auf einem Forum für ADHS. Neben unerwartet hoher Eigenbeteiligung an dem Projekt beklagt die Mutter, dass *„kein einziges Kind seine ADHS-Symptomatik gebessert hat“*.[101]Eines ihrer zwei Kinder, welches an dem Projekt teilnahm, habe unbedingt wieder Ritalin nehmen wollen. Zeitgleich bemerkte sie aber, dass die Sozialkompetenz und die kommunikativen Fähigkeiten sich sichtbar gebessert hatten[102].

---

96 Hüther (2010, S. 3).

97 Vgl. Hüther (2010).

98 Purps (2009, S. 1).

99 Purps (2009, S. 1).

100 Vgl. Füller (2013).

101 Bohdansky (2010, S. 1).

102 Bohdansky (2010, S. 1).

3. Kurt Hahn

Dieses Kapitel beschäftigt sich mit dem Reformpädagogen Kurt Hahn, welcher die Erlebnistherapie begründete und damit eine der Grundlagen für die moderne EP definierte. Seine Werte und Ideale finden sich einerseits auf den von ihm gegründeten Schulen und im Programm von vielen erlebnispädagogischen Anbietern wieder.

3.1. Biografie

Kurt Hahn wurde am 5. Juni 1886 in Berlin geboren. Im Laufe seiner politischen Karriere wurde er zum engsten Vertrauten und Privatsekretär des letzten Reichskanzlers Prinz Max von Baden. Mit ihm zusammen gründete Hahn 1920 die Schule Schloss Salem in Baden. 1933 musste Hahn nach England emigrieren, nachdem er sich öffentlich gegen die nationalsozialistische Regierung geäußert hatte. 1934 gründete er dort die „British Salem Schools" in Gourdonstoun und leitete diese. Nach seiner Rückkehr nach Deutschland im Jahr 1953 wurden die Kurzschulen Weißenhaus und Baad in Deutschland gegründet. Auf seine Initiative hin entstanden außerdem 1941 die Outward Bound Bewegung in Aberdovey, als auch der Duke of Edinburgh Award, der seit 1956 als weltweites Abzeichen für sportliche, projektorientierte und soziale Leistungen vergeben wird. 1962 öffnete das erste Atlantic College in Wales. Am 14. Dezember 1974 starb Kurt Hahn und wurde in Salem beigesetzt[103].

Hahn unterrichtete in seinen Schulen auch selbst und war als äußerst charismatischer Mensch bekannt. Ein ehemaliger Schüler in Salem - Golo Mann - beschreibt Hahn als den *„hilfreichster, generösesten Mensch, den [er] je kannte."* Er sei *„reich an Ideen, reich an Energien und List, um sie zur Wirklichkeit zu bringen"*[104].

---

103 Vgl. Kurt Hahn Stiftung (2020).

104 Golo Mann, 1975 zit. n. Knoll (1987, S. 20).

3.2. Kurt Hahn und Reformpädagogik

Auch wenn Kurt Hahn den Grundstein für die heutige EP gelegt hat, war er grundsätzlich Reformpädagoge. Diese pädagogische Bewegung ist auf die Jahre 1890-1933 einzuordnen. Sie ist Teil der sozialen und kulturellen Reformbewegungen zu Beginn des 20. Jahrhunderts. Gesellschaftliche Krisen, wie der erste Weltkrieg, aber auch die schnell voranschreitende Industrialisierung, Urbanisierung und die zunehmende Verstädterung wurden als gesellschaftliche Bedrohung und Hindernisse analysiert und festgestellt[105]. Auf die Krisen wurde mit verschiedensten Bewegungen reagiert: die Jugendbewegung, die Frauenbewegung und zum Beispiel die Lebensreformbewegung setzten sich aktiv für Veränderungen und Reformen ein. Neben den diversen Bewegungen bildete sich hier auch die Reformpädagogik (RP) heraus - als Folge eines Bildungssystems, das aus Sicht der RP nicht mit den schnellen sozioökonomischen Entwicklungen mithalten konnte. Das Bildungssystem litt unter *„Reformstau“*[106].Dabei ist die RP keine einheitliche Bewegung, sondern versteht sich eher als Sammlung verschiedener pädagogischer Bewegungen. Dazu gehören unter anderem die Kunsterziehungsbewegung, die Landerziehungsheimbewegung, die Arbeitsschulbewegung und die Volksbildungsbewegung. Die Bewegung war vor allem in Europa, aber auch in Nordamerika zu verzeichnen[107]. Am ehesten ist die RP heutzutage noch in Schulen zu finden, die auf RP aufbauen. Dazu gehören zum Beispiel die Waldorfschulen und die Montessori-Schulen. Trotz der unterschiedlichen Ausrichtungen gibt es folgende zentrale Begriffe und Grundsätze der RP:

- Erlebnis. Der Schulunterricht wird als zu erlebnisarm beschrieben. Die Lehrer*innen sollten für eine spannende Aufbereitung des Unterrichtsstoffes mit direktem Lebensbezug verantwortlich sein. Die Reformpädagogen sind

[105] Vgl. Kerbs und Reulecke (1998, S. 16f).

[106] Link (2018, S. 17).

[107] Vgl. Link (2018, S. 14ff).

generell eher städtefeindlich und sehen außerhalb von der Stadt, in der freien Natur das „wahre Leben"[108].

- Augenblick. Gerne auch Plötzlichkeit, Eingebung, Intuition oder Ergriffenheit genannt. Das Erlebnis soll im Moment stattfinden und dem Erlebenden Identität verleihen[109].
- Unmittelbarkeit. Den Schüler*innen sollten unmittelbare, und für das Subjekt relevante Lernerfahrungen sammeln. So soll in überfachlichen Zusammenhängen und durch Projekte gelernt werden[110].
- Echtheit und Einfachheit. „Echte" Erziehung könne nur in der Natur, in natürlicher Umgebung und nicht in der Großstadt stattfinden. Romantische Grundgedanken werden hier von der Pädagogik aufgegriffen[111].

3.3. Zivilisatorische Verfallserscheinungen und Krisen der Familie

Kurt Hahn bemängelte zu seiner Zeit die zivilisatorischen Verfallserscheinungen, gegen die die Jugend geschützt werden sollte. Hahn kritisiert die *„Spektatoritis"*[112]: die Entwicklung vom aktiven Teilnehmenden zum passiven Beobachter, die Schlamperei als Folge des Niedergangs des Handwerkes und die Kaltherzigkeit als Folge der *„unziemlichen Hast des modernen Lebens"*[113]. Diese Seuchen und Verfallserscheinungen entstehen aus zwei Krisen: Die Krise der Demokratie und die Krise der Familie[114]. Eine weitere Rolle in Hahns erlebnistherapeutischen Ansatz spielen die *„Schätze der Kindheit"* - Freude am Abenteuer, Neugierde, Anteilnahme, phantasievolles Spielen und den Drang nach körperlicher Betätigung. Die *„Gebrechen der Pubertät"*, die sich durch den erwachten

---

108 Vgl. Heckmair und Michl (2018, S. 32).

109 Vgl. Heckmair und Michl (2018, S. 32).

110 Vgl. Idel und Ullrich (2017, S. 15).

111 Vgl. Heckmair und Michl (2018, S. 32).

112 Hahn (1958b, S. 71).

113 Hahn (1958b, S. 72).

114 Vgl. Knoll (2014, S. 5).

Geschlechtstrieb, gedämpfte Vitalität, innere Unruhe und reizbaren Unmut äußern, verhindern, dass sich die Schätze der Kindheit weiter entwickeln können[115]. Diese Probleme sollten mit der Erlebnistherapie behoben werden. Der Jugendliche sollte seine kindlichen Fähigkeiten nicht verlieren, stattdessen diese weiterentwickeln und gegen die Folgen der zivilisatorischen Verfallserscheinungen ankämpfen. Ziel Kurt Hahns war es, den Menschen zur Verantwortung zu erziehen. Dies sollte durch ein Programm des sozialen und praktischen Lernens erreicht werden. Den pädagogischen Erziehungsauftrag von Schloss Salem formulierten Prinz Max von Baden und Kurt Hahn wie folgt:

> „Gebt den Kindern Gelegenheit, sich selbst zu entdecken. Sorgt dafür, dass die Welt des Handelns und die Welt des Denkens nicht länger zwei getrennte feindliche Lager sind. Entwickelt Vorstellungskraft bei den entschlussfreudigen Jungen und Willenskraft bei dem Träumer, so dass in Zukunft hellsichtige Männer die Nerven haben, um den Weg zu führen, den sie gewiesen haben, und dass Tatmenschen die Phantasie haben, die Folgen ihrer Entscheidungen zu überblicken. Stärkt den Geist spontaner Disziplin und Zusammenarbeit, macht eine nationale Bruderschaft aus eurer Gemeinschaft, legt Grundlagen für den Klassenfrieden. Baut Brücken zur Außenwelt. Bildet Soldaten aus, die auch den Frieden lieben"[116].

Kurt Hahn bezieht sich dabei auf den amerikanischen Philosoph William James, welcher der Meinung war, dass die menschliche Seele im Krieg ihre höchste Dynamik zeige. Hahn selbst war davon überzeugt, dass nicht der Krieg, sondern die Leidenschaft des Rettens eine noch höhere Dynamik entwickelt. Das Retten bilde *„das moralische Äquivalent zum Krieg"*[117]. Kurt Hahn wollte sich also von dem starren, ausschließlich Wissen vermittelnden Unterricht der Staatsschulen distanzieren. Stattdessen standen für ihn moralisches und reflektiertes Handeln, Verantwortungsbewusstsein, körperliche Leistungsfähigkeit und Nächstenliebe im Vordergrund der Erziehung. Hamm-Brücher (1987) fasst das Leitbild Kurt Hahns wie folgt zusammen:

---

115 Vgl. Knoll (1987, S. 19).

116 Hahn (1986b, S. 56f).

117 Hahn (1958c, S. 77).

> „Es will junge Menschen einüben, sich in ihrer persönlichen Lebensgestaltung […] durch verantwortliches Handeln zu bewähren. Die praktischen Tugenden, die hier zu erwerben sind, heißen Hilfsbereitschaft, Einsatzfreude, Mut und Tatkraft, Ehrlichkeit und Fairness. Sie sollen Charakter, Lebensführung und Gemeinsinn des Einzelnen prägen und ihn zur Verantwortung befähigen"[118].

Um diese Ideale umzusetzen, rief Kurt Hahn die Erlebnistherapie in die Welt, da die Staatsschulen diese Fähigkeiten nicht ausreichend förderten.

3.4. Erlebnistherapie

Kurt Hahn selbst bezeichnet seine Erlebnistherapie als *„die Vermittlung von reinigenden Erfahrungen, die den ganzen Menschen fordern und der Jugend den Trost und die Befriedigung geben: Wir werden gebraucht"*[119]. Die Erlebnistherapie basiert auf vier zivilisatorischen Verfallserscheinungen und bietet Lösungen, um deren negativen Einfluss auf die Jugendlichen zu verringern oder zu verhindern. Dabei wird für die einzelnen Elemente Platz im schulischen Alltag auf Schloss Salem geschaffen, um eine Umsetzung zu ermöglichen. Kurt Hahns Ideen zur Erlebnistherapie sind an sich nicht neu. Die Erlebnistherapie ist eine Art „Patchwork-Therapie", die sich aus verschiedenen Fachbereichen bedient, um ein schlüssiges Gesamtbild zu schaffen. Als Mitgründer von Salem sagte Prinz Max von Baden dazu: *„Hier ist alles gestohlen, und das ist gut so"*[120].

- Der Verfall der körperlichen Leistungsfähigkeit sollte durch körperliches Training vermieden werden. Dazu dienten vor allem Leichtathletik und Natursportarten wie Bergsteigen, Segeln oder Skilauf. Einen weiteren Teil bildeten Ballspiele und Parcours. Durch kontinuierliches Training sollten die Jugendlichen in ihrer Zuversicht und Selbstachtung gestärkt werden. Dies bildete die physische

118 Hamm-Brücher (1987, S. 36).

119 Hahn (1958d, S. 84).

120 Hahn (1958c, S. 74).

Komponente und hatte das deutsche Sportabzeichen als Vorbild[121].

- Der Mangel an Initiativkraft und Spontaneität sollte durch die Expedition behoben werden. Darunter verstand man den mehrtägigen Aufbruch in die Natur, in unbekanntes Gelände. Voran ging eine lange Planungs- und Vorbereitungsphase. Die Expedition verband natursportliche Elemente mit alltagspraktischen Fertigkeiten. Es sollten „*Voraussicht in der Planung und Sorgsamkeit, Umsicht, Entschlusskraft und Zähigkeit in der Durchführung*"[122] gefördert werden. Die Gruppe war dabei für sich selbst verantwortlich und sollte auch ohne die Hilfe von Experten Erfolge erleben. Die Expedition wurde so von Trainern oder Trainerinnen begleitet, dass Verletzungen oder riskante Situationen vermieden werden konnten[123]. Dies bildete die affektive Komponente und die Ergänzung der sportlichen Komponente. Wagnis und Abenteuer bei der Erkundung unbekannter Welten nach dem Vorbild der amerikanischen Boy-Scouts bildeten hier die Grundlage[124].
- Der Mangel an Sorgsamkeit sollte durch die Projektarbeit unterbunden werden. Die Jugendlichen sollten handwerklich oder künstlerisch an einem langfristigen Projekt arbeiten. Dies bildete die kognitive Komponente. Es sollten größere, selbstgewählte Vorhaben selbstständig geplant und umgesetzt werden. Als Vorbild galt der gleichnamige amerikanische Ansatz nach Kilpatrick und Dewey von 1935[125].
- Der Mangel an Anteilnahme wurde durch den Dienst am Nächsten unterbunden. Die Jugendlichen übernahmen eine „selbstlose" Aufgabe, zum Beispiel bei der Berg- oder Seenotrettung oder bei der Küstenwache. Dies bildete die soziale Komponente nach dem Vorbild der christlichen

---

121 Vgl. Heckmair und Michl (2018, S. 39).

122 Hahn (1986a, S. 103).

123 Vgl. Michl (2009, S. 27f).

124 Vgl. Knoll (2014, S. 5).

125 Vgl. Heckmair und Michl (2018, S. 39).

Nächstenliebe. Für Kurt Hahn stellte der Dienst am Nächsten die wichtigste Komponente der Erlebnistherapie da. Helfen und Retten setze Gefühle und Emotionen frei, die so elementar seien, dass sich selbst festgefügte Ansichten, Gewohnheiten und Vorurteile aufweichen und überwinden ließen[126]. Den Jugendlichen sollte das Gefühl vermittelt werden, dass sie gebraucht werden.

Später wurde die Erlebnistherapie um eine weitere Komponente erweitert: Die Selbstzucht. Selbstzucht meinte dabei den Verzicht auf Nikotin, Alkohol und andere Drogen[127].

3.5. Salemer Gesetze

Weitere Ideale, die Kurt Hahn während seiner aktiven Zeit umzusetzen versuchte, waren die sieben Salemer Gesetze. Diese bildeten die Grundlagen für die Arbeit an Schloss Salem.

- *„Gebt den Kindern die Gelegenheit, sich selbst zu entdecken"*[128]. Der jüngeren, von der Stadt geprägten Generation, fehle es an Gelegenheiten, sich auszuprobieren, um ihre eigenen Fähigkeiten und Kompetenzen kennenzulernen. Es fehle an Ernstsituationen, in denen sie sich beweisen können. Die Kinder sollten die Möglichkeit bekommen, ihre *„grande passion"*, ihre *„große Leidenschaft"*[129] zu entdecken. Durch viele verschiedene Aktivitäten sollte ein Selbstfindungs-Prozess in die Wege geleitet werden. Kurt Hahn bezeichnete das Entdecken der individuellen Leidenschaft als *„Schutzengel der Pubertätsjahre"*[130]. Er war der Ansicht, dass die Schätze der Kindheit durch das Entdecken und Ausleben der eigenen Leidenschaft weniger bedroht seien.

---

126 Vgl. Knoll (2014).

127 Hahn (1958d, S. 85).

128 Hahn (1986a, S. 288).

129 Hahn (1986b, S. 63).

130 Hahn (1986b, S. 64).

- *„Lasst die Kinder Triumph und Niederlage erleben"*[131]. Pädagogen und Eltern versuchen, unangenehme Niederlagen irgendwie zu umgehen und das erfreulichere Resultat, den Triumph, zu forcieren. Dabei gehöre es zum Erwachsenwerden aber dazu, auch verlieren zu können und mit Niederlagen umgehen zu können. Schwächen müssten ebenso entdeckt werden wie Stärken[132].
- *„Gebt den Kindern die Gelegenheit zur Selbsthingabe an die gemeinsame Sache"*[133]. Durch gemeinsame Projekte und Ziele sollte ein gemeinsames erleben und auch Erleiden von angenehmen, unangenehmen und anstrengenden Situationen erlernt werden. Durch schwere, verantwortungsvolle Aufgaben sollte *„das gemeinsame Durchhalten und die gegenseitige Unterstützung"*[134] erfahren werden.
- *„Sorgt für Zeiten der Stille"*[135]. Schüler*innen sollten die Fähigkeit der Ruhe und Besinnung erwerben und einüben, um die *„nervenzehrende Zivilisation der Gegenwart"*[136] auszuhalten.
- *„Übt die Vorstellungskraft, die Fähigkeit vorauszuschauen und zu planen"*[137]. Die Fantasie sollte in Bewegung gesetzt werden. Unter anderem sah Kurt Hahn Genusssucht als eine Folge von mangelnder Vorstellungskraft über die potenziellen Langzeitfolgen des Handels[138].
- *„Lasst Spiele eine wichtige, aber keine vorherrschende Rolle spielen"*[139]. Sport und in diesem Kontext vor allem Wettkämpfe, sollten nicht zum Mittelpunkt des Geschehens werden.

---

131 Hahn (1986a, S. 288).

132 Vgl. Mastalerz (S. 25).

133 Hahn (1986a, S. 289).

134 Mastalerz (S. 25).

135 Hahn (1986a, S. 289).

136 Hahn (1986a, S. 289).

137 Hahn (1986a, S. 289).

138 Hahn (1986a, S. 289).

139 Hahn (1986a, S. 289).

- *„Erlöst die Söhne und Töchter reicher und mächtiger Eltern von dem nervenden Gefühl der Privilegiertheit“*[140]. Salem sollte keine Schule für die Oberklasse werden. Kurt Hahn lag es am Herzen, dass Jugendliche aus verschiedenen Schichten seine Schulen und Internate besuchten. Das Schulgeld wurde nach dem Einkommen der Eltern gestaffelt und Hahn war stets darum bemüht, Spenden zu sammeln, um auch Kindern aus unterprivilegierten Familien ein Stipendium zu ermöglichen. Gut 30% der Kinder auf Salem kamen aus Elternhäusern von armen Familien, denen ein Besuch der Internate nur durch ein Stipendium ermöglicht wurde[141].

Die sieben Salemer Gesetze geben einen Eindruck von den Zielen, die Kurt Hahn mit seiner Pädagogik vermitteln wollte. Sein Fokus lag auf der Erziehung des Menschen, nicht dessen Bildung. Die Eltern der Schüler*innen Salems erhielten einen abschließenden Bericht, in dem sich die humanitären Ideale Kurt Hahns und dessen Pläne für die Erziehung der Jugend widerspiegelten. Von den „Salemern“ wurden nicht nur Leistungen im Unterricht, als auch praktische und künstlerische Arbeiten erwartet, sondern auch menschliche Werte wie die *„Fähigkeit, das als Recht erkannte durchzusetzen“*[142] und die *„Fähigkeit, sich in unerwarteten Situationen zu bewähren“*[143]. Gemeinsinn und Gerechtigkeitsgefühl sollten gestärkt werden[144]

Hahn versuchte, mit seinen Landerziehungsheimenden Verfall der Gesellschaft zu bekämpfen. Auch wenn es mittlerweile unzählige Einrichtungen gibt, die die Erziehung eines ganzheitlichen Menschen anstreben, stellt Kurt Hahn selbst nüchtern fest, dass die Gesellschaft schneller verfällt, als sie durch die „erfolgreich“ erzogenen Menschen positiv beeinflusst werden kann[145].

---

140 Hahn (1986a, S. 290).

141 Vgl. Hahn (1986a).

142 Hahn (1958a, S. 28).

143 Hahn (1958a, S. 28).

144 Vgl. Hahn (1958a, S. 28f).

145 Vgl. Hahn (1958a, S. 36).

Den Erfolg der einzelnen Schüler*innen stellt Hahn dabei keineswegs in Frage, es geht ihm dabei nur um den unzureichenden Effekt auf die gesamte Gesellschaft. Hahn wollte die Schulreformation. Wiederholt kritisierte er vor allem den Irrglauben der Deutschen, dass mit der Formulierung einer Forderung automatisch eine Erfüllung von dieser erfolgt. Er merkt an, dass die Aufgabe der Erziehung letztendlich auf die Staatsschulen zurückfällt. In diesen würde die *„menschenbildende Kraft"*[146] aber viel zu kurz kommen, der Fokus läge auf der Vermittlung von Wissen und die eigentliche Charakterbildung finde in der außerschulischen Freizeit statt[147].

Doch Kurt Hahns Wirken hat Spuren im Bildungswesen hinterlassen. Im Jahr 2015 nahmen über 25.000 Kinder und Jugendliche bei Kursen von diversen Outward Bound Schulen teil[148]. Der von ihm mitbegründete Duke of Edinburgh Award mit dem Motto *„Du kannst mehr als du glaubst!"* basiert auf den Idealen Schloss Salems und ist heute ein weltweites Programm zur Persönlichkeitsentwicklung junger Menschen im Alter zwischen 14 und 25 Jahren. In mehr als 130 Ländern engagieren sich Organisationen dafür und aktuell nehmen jährlich gut 1 Million Kinder und Jugendliche daran teil[149]. Beinah 60.000 Jugendliche haben ihren Schulabschluss in einem der mittlerweile 18 United World Colleges gemacht[150]. Die Internate Schloss Salem, Louisenlund, Gordonstoun und Birklehof florieren weiterhin. Auf allen Internaten sind viele verschiedene Nationalitäten vertreten. Schloss Salem gilt als das bekannteste deutsche Internat[151]. Auch wenn Kurt Hahn nicht das staatliche Bildungssystem grundlegend verändern konnte, ist deutlich zu sehen, dass seine Bemühungen für eine ganzheitlichere, moralische Erziehung nach wie vor Millionen von

146 Hahn (1958a, S. 29).

147 Vgl. Hahn (1958a, S. 29).

148 Vgl. The Outward Bound Trust (2017, S. 4).

149 Vgl. Duke of Edinburgh's International Award Foundation (2019, S. 5).

150 United World Colleges International (2020).

151 Vgl. Schule Schloss Salem (2019, S. 1).

Menschen beeinflusst. Seine Ideale leben in den von ihm in die Welt gerufenen Institutionen weiter.

Die Ideale, die Kurt Hahn an die Jugend vermitteln wollte, sind nicht nur in den damals von ihm gegründeten Schulen und Internaten noch wiederzufinden, sondern auch in der modernen EP, die immer wieder auf die Erlebnistherapie nach Kurt Hahn verweist und sich aus Elementen von dieser bedient.

4. Moderne Erlebnispädagogik

Die vorhergehenden Kapitel beschäftigten sich mit den Ursachen und Behandlungen der ADHS und der Vorgeschichte der modernen EP durch Kurt Hahn. Dieses Kapitel setzt sich mit der EP wie man sie heute in der Praxis findet und den wissenschaftlich abgesicherten Teilbereichen dieser pädagogischen Bewegung auseinander. Weiterhin beleuchtet das Kapitel die verschiedenen Ziele und Wirkweisen, die bei erlebnispädagogischen Programmen entscheidend sind.

4.1. Versuch einer Definition

In erlebnispädagogischen Kreisen herrscht weiterhin Uneinigkeit über die Definition von EP. In den letzten Jahrzehnten kam es immer wieder zu Abänderungen. Trotz der Präsenz von EP gibt es nach wie vor keine einheitliche Definition.

> „EP ist eine handlungsorientierte Methode und will durch exemplarische Lernprozesse, in denen junge Menschen vor physische, psychische und soziale Herausforderungen gestellt werden, diese in ihrer Persönlichkeitsentwicklung fördern und sie dazu befähigen, ihre Lebenswelt verantwortlich zu gestalten“[152].

So lautet einer der aktuellen Definitionsversuche. Hufenus bringt eine weitere Variable mit in seine Definition ein:

> „EP ist eine Methode, die Personen und Gruppen zum Handeln bringt, mit allen Implikationen und Konsequenzen bei möglichst hoher Echtheit von Aufgabe und Situation in einem Umfeld, das experimentierendes Handeln erlaubt, sicher ist und den notwendigen Ernstcharakter besitzt“[153].

Beide Autoren sprechen wichtige Punkte an, die vor allem auch der Abgrenzung von anderen pädagogischen Bewegungen dienen. Heckmair und Michl (2015) betonen mit der Persönlich-

---

152 Michl (2015, S. 11).

153 Hufenus (1993, S. 86).

keitsentwicklung und der verantwortlich zu gestaltenden Lebenswelt einen Transfer des Programms in den Alltag und den Prozess als handlungsorientierte Methode mit physischen, psychischen und sozialen Herausforderungen. Hufenus Betonung auf die Echtheit und Ernsthaftigkeit der Situationen ermöglicht eine Abgrenzung der EP von Freizeit- oder Spielpädagogik. Galuske (2011) stellt fünf Merkmale dar, die die EP ausmachen:

- **Handlungsorientierung und Ganzheitlichkeit.** Den zentralen Teil des Lernprozesses stellt die Auseinandersetzung mit einer Aufgabe dar. Dabei stellt selbstständiges Handeln der Teilnehmenden die Grundlage für die Aufgabenlösung dar. Der Fokus auf den Handlungsbegriff soll eine Abgrenzung von theoretischen Lerneinheiten ermöglichen. Der Lernprozess soll ganzheitlich verstanden werden: Nicht nur die kognitive, sondern eben auch die sensomotorische und affektive Lerndimension werden wahrgenommen[154].
- **Lernen in Situationen mit Ernstcharakter.** Die Situation, in der gelernt wird, muss so gestaltet werden, dass Aufgaben- und Anforderungsstruktur sich natürlich als Sachzwang im jeweiligen Moment ergeben. Die Lernprozesse sollen sich aus dem „Zugzwang" ergeben, der eine Abänderung des Verhaltens ermöglicht, ohne dass der Pädagoge oder die Pädagogin direkt auf die Klienten einwirkt[155].
- **Gruppe als Lerngemeinschaft.** Für gewöhnlich stellt EP ein gruppenpädagogisches Angebot dar, bei welchem als Folge auch die soziale Lerndimension berücksichtigt wird. Dadurch will die EP soziale Kompetenzen und positives Kooperationsverhalten weiterentwickeln oder aufbauen. Ermöglicht wird dies durch Settings, in denen eine Zusammenarbeit für den Erfolg notwendig ist[156].
- **Erlebnischarakter.** Das Setting, in dem in der EP gelernt wird, weist sich durch einen unüblichen Charakter aus,

---

154 Vgl. Galuske (2011, S. 244f).

155 Vgl. Galuske (2011, S. 244f).

156 Vgl. Galuske (2011, S. 244f).

der sich von der alltäglichen Welt distanziert und somit Grenzerfahrungen ermöglicht. Durch die außergewöhnlichen Momente soll sich die Chance erhöhen, dass die Aktion zu einem langfristigen, den Klienten bewegenden Erlebnis wird. EP ist angewiesen auf *„vielfältige, nicht alltägliche, reale und ernsthafte Situationen mit Grenzerfahrungsmöglichkeiten"*[157].

- **Pädagogisches Arrangement**. Die Aktion wird erst erlebnispädagogisch, wenn sie geplant, organisiert und pädagogisch instrumentalisiert ist[158].

Was den Definitionen fehlt, ist das Hauptmedium der EP - die Natur. Anstatt in Seminarräumen, finden EP-Programme in der Regel draußen statt.

In der Erwachsenenbildung wird auch gerne der Begriff des Outdoor-Trainings verwendet, der sich mit der Methodik und der Zielsetzung kaum von der EP unterscheidet. Eine explizite Zielgruppe der EP gibt es nicht, der Fokus liegt allerdings auf „anstrengenden" Kindern und Jugendlichen, Patienten der Psychiatrie, Suchtkranke oder auch Straffällige. Auch inklusive Programme werden angeboten, um Menschen mit geistiger und körperlicher Behinderung bei der Entwicklung von Selbstvertrauen und Selbstbewusstsein zu unterstützen[159].

Auch wenn der Beruf „Erlebnispädagoge" und „Erlebnispädagogin" noch keinen geschützten Begriff darstellt, setzt sich der Bundesverband für Individual- und Erlebnispädagogik e.V., abgekürzt „be", aktuell für eine Ausbildung mit vergleichbaren Qualifikationsniveaus ein. Die Professionalisierung der EP wird noch mehr Zeit benötigen, befindet sich mit dem Titel „Erlebnispädagoge / Erlebnispädagogin be" aber auf dem Weg zu einer anerkannten Zertifizierung. Um den Titel zu erlangen, wird eine erlebnispädagogische Ausbildung, regelmäßige Fortbildungen, eine gewisse Anzahl an Arbeitstagen bei verschiedenen Anbie-

---

157 Reiners (1995, S. 29).

158 Vgl. Galuske (2011, S. 244f).

159 Vgl. Witte (2002, S. 42ff).

tern, ein Tagebuch zur beruflichen Entwicklung sowie ein selbst organisiertes erlebnispädagogisches Projekt verlangt[160].

4.2. Formen der Erlebnispädagogik

Es gibt heute viele Formen der EP. Die verschiedenen Anbieter werben mit alpiner EP, Teamentwicklung, Personalentwicklung und EP mit Tieren. In beinah jedem Teil Deutschlands gibt es Einrichtungen, die EP anbieten. Dazu gehören Einrichtungen der Jugendarbeit, Jugendverbände sowie freie Träger. Mittlerweile gibt es deutschlandweit etwa 300 freie Träger, wobei der Großteil in Süddeutschland angesiedelt ist[161]. Dies ist unter anderem auf die Natur in diesen Regionen zurückzuführen, die die EP besonders attraktiv macht und eine Vielzahl von Aktivitäten ermöglicht.

Das geschieht in verschiedenen Formaten. EP-Programme können einige Stunden, Tage oder sogar Monate andauern. Aus finanziellen Gründen wird besonders im Jugendalter die Kurzzeitpädagogik oder Schullandheime im Zeitfenster von einem bis zu fünf Tagen gebucht. Aber auch in der ISE, der intensiven sozialpädagogischen Einzelbetreuung, kann es zu mehrwöchigen erlebnispädagogischen Einsätzen kommen. Die Probleme bei der Definition und die Abgrenzung von anderen pädagogischen Bewegungen zeigt die Schwierigkeit einer Eingrenzung, vor allem im Hinblick auf die verwendeten Techniken und Methoden. In der Regel finden die Aktivitäten in der Natur und im Einklang mit der Natur statt. Anbieter legen sehr viel Wert auf die Nachhaltigkeit ihres Programms.

In der modernen EP gibt es auch Aktivitäten, die zwar an der freien Luft stattfinden, aber bewusst das Erlebnis in der Stadt suchen, so zum Beispiel City Bound - urbane EP. Dabei müssen verschiedene, meist sehr ausgefallene Aufgaben, innerhalb einer Großstadt erledigt werden[162]. Dabei kann die sportliche Kompo-

---

160 Vgl. Bundesverband Individual- und Erlebnispädagogik und Hochschulforum Erlebnispädagogik (2018).

161 Vgl. Schuh (2018, S. 187).

162 Vgl. Heckmair und Michl (2018, S. 218ff).

nente aus Parkour bestehen, als Teambuilding-Aufgaben können Escape Rooms genutzt werden und die Stadt kann aus einer neuen Perspektive kennengelernt werden. Der Vorteil bei dieser Art der EP liegt darin, dass man im Lebensraum der Jugendlichen arbeitet und sie so in ihrer eigenen Lebensrealität kennenlernt[163].

Die klassischen Aktivitäten der EP finden jedoch unmittelbar in der Natur statt: Bergwandern, Klettern, Skitouren, Höhlenbegehungen, Floßbau, Bogenschießen, Hochseilgärten und Fahrradtouren bilden dabei die physische Komponente. Je nach Durchführung stehen hier die sportlichen, psychischen und organisatorischen Herausforderungen im Vordergrund. Einen weiteren Teil des Programms bilden Problemlöseaufgaben und gruppendynamische Übungen. Hierbei liegt der Fokus auf dem gemeinsamen Überwinden von Herausforderungen durch die Zusammenarbeit in der Gruppe. Der Gruppenprozess bildet das Hauptaugenmerk. Der Fokus kann auch auf eher spirituellen Erfahrungen in Form von Vision Quest[164], Meditation und Yoga gelegt werden.

Ziele und Lernprozesse

Während die Erlebnistherapie nach Kurt Hahn, wie oben genannt, das Ziel hatte, einen mündigen, verantwortungsbewussten Bürger zu erziehen, sind die Ziele der modernen EP flexibler und von den Klienten abhängig. Grundsätzlich können diese Ziele wie folgt aussehen:

- Entwicklung individueller Persönlichkeitsmerkmale wie zum Beispiel die Entwicklung von Eigeninitiative, Kreativität, Selbstbewusstsein, Verantwortungsbewusstsein und eine angemessene Selbstwahrnehmung[165].

---

163 Vgl. Reiser (2018, S. 20).

164 Vision Quest ist eine Art spirituelle Erfahrung, bei der die Praktizierenden fastend und allein in der Natur unterwegs sind und dabei auf Technik und sozialen Kontakt verzichten. (N.E.W. - Institut, 2019).

165 Vgl. Reiners (1995, S. 33).

- Förderung von Sozialkompetenz. Dazu gehören zum Beispiel Teamwork, kommunikative Fähigkeiten, Empathie, Hilfsbereitschaft und Konfliktfähigkeit[166].
- Wachsen eines systemischen, ökologischen Bewusstseins. Der Klient soll durch die unmittelbare Wirkung durch die Natur eine andere Sichtweise auf diese bekommen.[167]

James Coleman (1992) zeigt vier Stufen des erlebnispädagogischen Lernprozesses auf, welche komplett durchlaufen werden müssen, damit eine tatsächliche Wirkung erreicht wird und die oben genannten Ziele auch erfüllt werden können:

- Es wird in einem Augenblick gehandelt und die Effekte dieses Handelns werden deutlich.
- Die Auswirkungen in diesem Augenblick und die Konsequenzen der Handlung werden verstanden. Somit erfolgt ein Erlernen des zielgerichteten Verhaltens in bestimmten Situationen.
- Das generelle Prinzip wird verinnerlicht.
- Das neu Erlernte findet Anwendung in einer neuen Situation[168].

Reflexionsmethoden in der Praxis

Abgerundet werden die meisten Übungen und Aktivitäten mit einer ausführlichen Reflexion. Dadurch sollen die oben genannten Ziele erreicht werden, Veränderungen ermöglicht und eine bewusste Auseinandersetzung mit der jeweiligen Thematik ermöglicht werden. Je nach Anbieter und Leitbild werden diverse Reflexionstechniken mehr oder weniger intensiv betrieben. Eine ausführliche Reflexion soll eine Distanzierung von der Freizeitpädagogik ermöglichen und vor allem einen Transfer der neu erlernten Verhaltensmuster in den Alltag unterstützen.

In der beruflichen Praxis werden verschiedene Reflexionsmethoden angewandt. Eines dieser Modelle stellt das „Outward

166 Vgl. Reiners (1995, S. 33).

167 Vgl. Reiners (1995, S. 33).

168 Vgl. Coleman (1992) zit. n. Witte 2002 S. 52.

Bound Plus"-Modell dar, bei welchem die Reflexion in Form von einer verbalen Auswertung des Geschehenen nach der eigentlichen Aktion einen Transfer in den Alltag und eine Auseinandersetzung mit den Problemen der einzelnen Teilnehmenden ermöglichen soll. So können zum Beispiel die einzelnen Elemente, die beim Bogenschießen benötigt werden – Konzentration, Geduld und die Fähigkeit, es auch nach einigen schlechten Schüssen nochmal zu probieren - auf den schulischen Alltag übertragen werden: Auch bei der Klausurvorbereitung braucht man Geduld, sollte sich nicht frustrieren lassen, wenn beim Üben nicht alles klappt und man ist wahrscheinlich eher erfolgreich, wenn man es schafft, sich auf die Aufgabe zu konzentrieren[169].

Ein weiteres Modell in der Diskussion ist das metaphorische Modell von Bacon (1993), welches versucht, eine „Isomorphie", also eine Strukturähnlichkeit, zwischen dem Alltag der Teilnehmenden und dem Programm, herzustellen. Das Alltagsverhalten der Teilnehmenden soll durch ein neues Verhalten ersetzt werden. Damit dieses neue Verhalten dann in den Alltag übernommen wird, bedient sich Bacon an Archetypen, quasi Metaphern, die das Vordringen in das Unbewusste der Teilnehmenden ermöglichen soll. So könne zum Beispiel der Blick in die Ferne auf eine Bergspitze zum Blick in die persönliche Zukunft werden. Bacons Modell macht einen vielversprechenden Eindruck, kämpft jedoch mit der Problematik, dass diese Archetypen nur bei einzelnen Jugendlichen ihre Wirkung entfalten und es kaum möglich ist, für eine Klasse mit über 25 Schülern und Schülerinnen, ein einheitliches Erlebnis zu schaffen[170]. Eine Verfeinerung dieses Ansatzes vollführen Priest und Gass, welche das archetypische Modell hinter sich lassen und stattdessen mehr Zeit in eine Vorab-Analyse der privaten Situation der Teilnehmenden investieren und dann als Reaktion darauf ihre Programme gestalten, welche danach ähnlich wie beim „Outward Bound Plus"-Modell ausgewertet und reflektiert werden[171].

---

169 Vgl. Michl (2009, S. 69).

170 Vgl.Michl (2009, S. 70f).

171 Vgl. Michl (2009, S. 74ff).

Eine Vorab-Evaluation wird bei einigen Anbietern im Voraus an die Lehrer*innen gesendet, um einen Eindruck von der Klasse, deren Problemen und deren Dynamik zu bekommen. Hier können die Lehrer*innen auch ihre Wünsche für die Klassengemeinschaft, wie zum Beispiel die Integration von einzelnen Kindern, formulieren. So kann ein Programm dementsprechend vorbereitet und strukturiert werden, damit die Klasse ihre Defizite abbauen kann.

Integration EP in den Alltag - Transfer

Neben den unmittelbar stattfindenden Reflexionen präsentiert Michl (2009) noch weitere, auf Langfristigkeit ausgelegte Transfermethoden: Eine schriftliche Vereinbarung kann zwischen Pädagogen und Teilnehmenden getroffen werden. Hierbei werden Ziele formuliert, die bis zu einem bestimmten Zeitpunkt erreicht werden sollen. Anschließend wird überprüft, ob die Ziele auch erreicht wurden. Eine weitere Option seien Folgetrainings, also später stattfindende, eventuell kürzere Programme, die durch Wiederholung einen verstärkten Lerneffekt ermöglichen sollen. Auch Patenprogramme, die sich in regelmäßigen Abständen nach den Aktionen mit den Teilnehmenden auseinandersetzen und diese an ihre Ziele erinnern, könnten hilfreich sein.[172]

Michl nennt in seinem Buch „Erlebnispädagogik" ein interessantes Beispiel für EP und deren Wirkweise und äußert sich in diesem Sinne zu dem oft schweren Transfer in den Alltag:

> „Dafür steht die Geschichte eines Pädagogen, der mit straffälligen Jugendlichen etwa sechs Wochen auf einem Segelschiff verbracht hat. Am Ende des Segeltörns wurde er von einem Jugendlichen so zusammengeschlagen, dass er im Krankenhaus behandelt werden musste. Als sich der Pädagoge wieder erholt hatte und den Jugendlichen im Gefängnis besuchen wollte, sprach er zuerst mit dem Gefängnispsychologen. Dieser erklärte ihm, dass der Jugendliche nur von diesem Segeltörn spreche und betone, dass dies die wichtigste Zeit in seinem Leben gewesen sei. Würde man vorschnell urteilen, käme man zum Schluss, dass das Segelprojekt erfolglos gewesen ist, weil der Jugendliche zu alten, aggressiven Mustern gegriffen hatte. Bei genauer Betrachtung ist womöglich das Gegenteil der Fall: Wenngleich

172 Vgl. Michl (2009, S. 50ff).

zunächst ein Lernerfolg nicht feststellbar war, bewirkten die Erlebnisse des Segeltörns im Jugendlichen offenbar ein Nachdenken. Der Törn hatte vieles in ihm bewegt und ausgelöst. Im reflektierenden Gespräch mit einem Psychologen oder Pädagogen kann der Jugendliche nun aus diesen Erlebnissen Erkenntnisse über sich selbst ziehen, neuen Lebensmut schöpfen. Der Beginn einer neuen Lebensphase ist möglich. Solche Lernprozesse werden durch die erlebnispädagogische Aktion ausgelöst und führen oft erst danach zu tiefgreifenden Veränderungen"[173].

Michl stellt bei dieser Geschichte auf realistische Art und Weise dar, dass die Wirksamkeit von EP eine starke Wirkung auf den Jugendlichen hatte, der Lernprozess aber erst später zu der starken Verhaltensänderung geführt hat.

4.3. Wissenschaftliche Fundierung

Eines der Probleme, mit dem die EP konfrontiert wird, ist der Transfer in den Alltag der Teilnehmenden. Oelkers (1994) kritisiert, dass sich Erlebnisse nicht domestizieren lassen, vor allem nicht im Hinblick auf erzieherische oder schulische Ziele hin[174]. Es ist leicht vorstellbar, dass eine mehrtägige Gratwanderung in den Alpen für eine Schulklasse aus einer Großstadt oder ein mehrwöchiger Segeltörn für eine Gruppe Freiwilligendienstler eine prägende Erfahrung ist. Michael Jagenlauf (1994) nennt dies den „Impuls-Effekt": Die Teilnehmenden beschäftigen sich auch nach der Teilnahme am Programm für eine Weile mit sich selbst, ihren Einstellungen, ihren Verhaltensmustern und versuchen basierend darauf, ihre Beziehungen neu zu bewerten oder entsprechend zu ändern[175]. Die EP tut sich schwer damit, die Wirkungsweisen empirisch zu belegen. Denn selbst wenn sich das Verhalten des Kindes nachhaltig verändert hat, kann diese Veränderung nur schwer auf das vorhergegangene Programm zurückgeführt werden. Außerdem steht die Frage im Raum, ob die Grenzerfahrungen nur vorübergehend eine Änderung beim Einzelnen oder der Klassen-

173 Vgl. Michl (2009, S. 50f).

174 Vgl. Oelkers (1994, S. 97).

175 Jagenlauf (1994) zitiert nach Magoltz (2010, S. 34).

dynamik hinterlassen hat, oder ob sich tatsächlich etwas nachhaltig verbessert hat.

Die Neurowissenschaft wurde in den letzten Jahren zu einer wichtigen Bezugswissenschaft für die EP[176]. Sie ermöglicht zum ersten Mal eine wirkliche Überprüfung der Entwicklung der Jugendlichen. Durch Hirnscans kann die Persönlichkeitsentwicklung mit verfolgt werden. So kann vielleicht nicht die EP in ihrer Wirksamkeit als Ganzes überprüft werden, aber immerhin die verschiedenen Teilbereiche, die die EP als solche definieren. Wie oben bereits erwähnt, bedeutet EP *„physische, psychische und soziale Herausforderungen"*[177]. Diese finden in der Regel in Form von Natursport statt. Dabei ist das sportliche Angebot aber so niedrigschwellig, dass auch weniger sportliche Kinder und Jugendliche nicht unter den körperlichen Anforderungen leiden. Die sozialen Herausforderungen bilden zumeist die Kooperationsaufgaben, in denen der Zusammenhalt der Gruppe und die Rolle des Einzelnen innerhalb der Gruppe ausgetestet werden. Die Wirksamkeit dieser drei Teilelemente, wie sie auch schon bei Kurt Hahn in der Form vom körperlichen Training, der Expedition und dem Dienst am Nächsten angewandt wurden - Sport, Natur und Kooperation - sind bereits wissenschaftlich erforscht worden. Dazu folgen mehr Details in den kommenden Unterkapiteln.

4.3.1. Sport

Sport war ein wichtiger Teil der Erlebnistherapie. Auch in der modernen EP steht Sport bei vielen Programmpunkten im Mittelpunkt. Das liegt unter anderem daran, dass Forschungsarbeiten aus der Neurowissenschaft mittlerweile belegen können, was im menschlichen Körper geschieht, wenn sportliche Aktivitäten ausgeübt werden. Durch Sport, vor allem Ausdauersport wird die Neurogenese, also die Neubildung von Nervenzellen angeregt. Dabei wachsen Gehirnstrukturen wie der Hippocampus, welche für das Gedächtnis eine wichtige Rolle spielen, im Volumen an[178].

---

176 Vgl. Heckmair und Michl (2018, S.77 ff).

177 Heckmair und Michl (2018, S. 115).

178 Malchow, Schmitt und Falkai (2014, S. 1).

Bei körperlichem Training werden in erhöhter Menge die Botenstoffe Dopamin und Serotonin ausgeschüttet. Es werden Opioide und Endocannabinoide freigesetzt, welche das körpereigene Belohnungssystem stimulieren und zur Beschleunigung von Lernprozessen führen[179].Die Effekte einer körperlichen Betätigung sind durchweg positiv besetzt.

Selbst in den Zeiten der Digitalisierung und des Internets besteht auch seitens der Schüler*innen ein Interesse daran, Sport zu betreiben. Eine Studie mit über 650 Jugendlichen im Alter von sechs bis zwölf Jahren stellt fest, dass Sport das Lieblingsfach von über 41% aller Jungen, wenn auch nur von knapp 11,4% der Mädchen ist[180]. Eine weitere, aktuelle Umfrage aus dem Jahr 2018 mit über 2500 Kindern und Jugendlichen im Alter von 4 - 14 Jahren beschäftigt sich mit der Frage, welche Freizeitaktivitäten sie mehrmals in der Woche durchführen. Dabei gehören „Im Freien spielen" mit 81% und „Sport treiben" mit 51% zu den beliebtesten Aktivitäten, noch vor „Spielen am Smartphone oder Konsolen"[181]. Die Jugend hat also Interesse daran, Zeit an der frischen Luft zu verbringen und auch Sport zu treiben. Gleichzeitig sind die gesundheitlichen und psychologischen Vorteile allgemein bekannt. Ein Sportprogramm mit aeroben Übungen in einem Zeitfenster von 4 Monaten stellt eine Alternative zu der Behandlung mit Antidepressiva dar und zeigt eine damit vergleichbare Symptomreduktion[182]. Auch das Erlernen von Tanzschritten hat den positiven Effekt, dass die Anzahl von neuronalen Verbindungen steigt, was dabei hilft, größere Informationsmengen zu bewältigen[183]. Als Projekt einer hessischen Grundschule wurde eine tägliche Sportstunde eingeführt. Die Folge waren weniger Konflikte auf dem Schulhof, gesteigerte Konzentration im Unterricht und 15% mehr Schüler, die fürs Gymnasium empfohlen werden konnten.[184]

---

179 Vgl. Linden (2012, S. 184).

180 Vgl. iconkids & youth (2008, S. 1).

181 Vgl. Blue Ocean Entertainment et al. (2018, S. 1).

182 Blumenthal et al. (1999, S. 2352ff).

183 Vgl. Ratey (2003, S. 439-442).

184 Vgl. Zimmer (2005, 16ff).

Erfahrungslernen im Hochseilgarten

Mehl (2010) stellt in einer Studie fest, dass sich durch erfahrungsorientiertes Lernen, wie man es aus der EP kennt, nicht nur symptomatische Beschwerden zurückentwickeln: Durch mehrmalige Begehung eines Hochseilgartens konnten persönlichkeitsbezogene Änderungen festgestellt werden. Erfahrungsorientiertes Lernen meint dabei eine Distanzierung von der Theorie und der Belehrung, wie sie in Schulen meist stattfinden. Stattdessen sollen alle Sinne bedient werden. Das „Learning by Doing" bildet den Hauptfokus des erfahrungsorientierten Lernens[185]. Mehl (2010) argumentiert, dass persönlichkeitsprägende Merkmale besonders fest in der *„Tiefenstruktur einer Persönlichkeit"* (S. 10) verankert seien und dass so negative Erfahrungen wie Traumata positiv beeinflusst werden können. Er stellt fest, dass erfahrungsorientiertes Lernen dabei hilft, das aus starken Emotionen hervorgehende Verhalten zu kontrollieren[186].

Impulsivität - Ein Vorteil beim Sport

Broocks (2015) stellt fest, dass täglich 20-30 Minuten aerobes Training hilfreich seien können und dass die drei in Kapitel 2.1. genannten Kernsymptome einer ADHS - Hyperaktivität, Impulsivität und Unaufmerksamkeit - beim Sport zu einem Vorteil werden können. So könne die Impulsivität zu einer vorteilhaften Furchtlosigkeit auf dem Spielfeld werden und dabei helfen, unmittelbare, schnelle Entscheidungen zu treffen. Auch die leichte Ablenkbarkeit könne bei dabei helfen, Überraschungsangriffe eines gegnerischen Teams frühzeitig zu erkennen. Die Hyperaktivität manifestiert sich durch die Bereitschaft, sich viel auf dem Feld zu bewegen und sei dadurch im sportlichen Setting eher positiv besetzt[187].

---

185 Vgl. Michl (2009, S. 37f).

186 Vgl. Mehl (2010, 11).

187 Markser, Bär, Broocks und Berger (2015, S. 195ff).

4.3.2. Kooperation und Gruppendynamik

Kooperationsaufgaben bilden eine weitere Komponente im klassischen EP-Alltag. In der Regel sind das solche Aufgaben, die nur durch gute Kommunikation, klare Rollenverteilung und Motivation aller beteiligten Gruppenmitglieder gelöst werden können. Dabei gibt es keine Musterlösung und die Aufgaben können auf verschiedene Arten und Weisen gelöst werden. Ein Klassiker ist hier zum Beispiel das „Spinnennetz", bei dem die Klasse die Aufgabe hat, auf die andere Seite eines aus Seilen gespannten Netzes zu kommen. Dabei dürfen die Seile nicht berührt werden und durch jedes „Fenster" darf nur eine bestimmte Anzahl an Personen steigen. Wird das Seil berührt, beginnt die Gruppe von vorne. Wenn eine Person auf die andere Seite des Netzes gelangt ist, darf sie nicht mehr zurück, um der Gruppe auf der „Starterseite" zu helfen[188]. Solche Aufgaben benötigen häufig mehrere Anläufe und können zu Konflikten innerhalb der Gruppe führen. Durch kooperatives Verhalten und Problemlösekompetenz sollen die Aufgaben bewältigt werden. Kooperation definieren De Palo und Basmer-Birkenfeld als *„eine Handlung von Menschen [...], die zusammenarbeiten, um einen beiderseitigen Mehrwert zu schaffen, ohne dass dadurch wissentlich Dritte Nachteile erfahren"*[189]. Damasio und Kober (2005) weist auf, dass auch erfolgreiches Kooperationsverhalten zu einer Ausschüttung von Dopamin führt und am Lustverhalten beteiligt ist[190]. Durch die erfolgreiche Zusammenarbeit in und mit der Gruppe werden also Glückshormone ausgeschüttet.

4.3.3. Natur

James und Kaplan (1989) weisen in ihrer sogenannten „Attention Restoration Theory" darauf hin, dass zwei unterschiedliche Formen der Aufmerksamkeit gibt: freiwillige und unfreiwillige Aufmerksamkeit[191]. Die freiwillige Aufmerksamkeit ist problemorien-

188 Vgl. Gilsdorf und Kistner (2018, S. 126).

189 Palo und Basmer-Birkenfeld (2018, S. 361).

190 Vgl. Damasio und Kober (2018, S. 178).

191 Vgl. Ohly et al. (2016, S. 305f).

tiert und wird benötigt, wenn man sich zum Beispiel mit einer mathematischen Aufgabe auseinandersetzen muss. Diese Art der Aufmerksamkeit ist sehr anstrengend und wird beendet, wenn - in diesem Fall - das mathematische Problem, gelöst ist. Auf der anderen Seite steht die unfreiwillige Aufmerksamkeit, die ohne Aufwand leicht zu erreichen und aufrecht zu erhalten ist. Hierzu zählen zum Beispiel wilde Tiere, die man im Wald erblickt und sich bewegende Bilder wie Filme[192]. Naturerlebnisse scheinen diese Form der unfreiwilligen Aufmerksamkeit zu fördern[193]. Der Aufenthalt in urbanen Regionen erschwert den Wiederaufbau von unfreiwilliger Aufmerksamkeit, wie sie oben genannt wurde, da das Leben in der Stadt mehr gezielte bzw. freiwillige Aufmerksamkeit benötigt, um Gefahrensituationen wie eine Kollision mit einem Auto zu verhindern[194]. Eine Studie von Taylor suggeriert, dass es Kindern mit ADHS helfen würde, vor Aufgaben, die einen gewissen Grad an Konzentration erfordern, Zeit in der Natur zu verbringen. Er stellt fest, dass die Symptomatik der ADHS nach dem Aufenthalt in der Natur signifikant schwächer auftritt, als nach einer Indoor-Beschäftigung[195]. Die Natur helfe, die Konzentrationsfähigkeit zu regenerieren[196]. Brämer (2007) stellt fest, dass das Wandern in der Natur eine erhöhte Leistungsfähigkeit der Konzentration, des logischen Denkens und des Gedächtnisses zur Folge haben. Auch bei ADHS-Patienten werde die Symptomatik durch den täglichen Aufenthalt in der Natur verringert[197].

4.4. Systemtheorie

Erlebnispädagogik ist traditionell eher an Gruppen orientiert. Bereits beim in 2.6.6. erwähnten Via Nova Projekt und bei der Familientherapie aus Kapitel 2.6.3. bildeten die systemischen Gedanken

192 Vgl. Balz, Benz und Kuhlmann (2012, S. 277).

193 Vgl. Taylor, Kuo und Sullivan (2001, S. 70ff).

194 Vgl. Berman, Jonides und Kaplan (2008, S. 1207).

195 Vgl. Taylor et al. (2001, S. 55).

196 Vgl. Berman et al. (2008, S. 1207).

197 Vgl. Brämer (2007, S. 41ff).

bereits die Arbeitsgrundlage. Egal ob es um Segeltörns geht, SLHs[198] oder den Einsatz in der Jugendarbeit. Letztendlich befinden sich die Klienten aber immer in einem System. Der bekannteste Vertreter der sogenannten Systemtheorie ist Niklas Luhmann, der seit den 1980ern viele Werke zu dem Thema veröffentlicht hat. Zu dem Begriff „System" gibt es verschiedene Definitionen. Ulrich und Probst (1995) meinen, ein System bestehe aus Teilen *„die so miteinander verknüpft sind, dass kein Teil unabhängig ist von anderen Teilen und das Verhalten des Ganzen beeinflusst wird vom Zusammenwirken aller Teile"*[199]. Wird ein Teil im System verändert, verändern sich auch die anderen Teile. Systeme haben dabei Systemgrenzen, durch die sie sich von ihrer Umwelt abheben. Die Umwelt meint dabei nicht alles was außerhalb des Systems ist, in dem man sich befindet, sondern stellt eine Summe von Systemen, Ereignissen und Handlungen außerhalb des Referenzsystems dar. Dabei hat jedes System seine eigene, für sich relevante Umwelt, mit der es im kommunikativen Austausch steht[200]. Im klassischen erlebnispädagogischen SLH ist das System, in dem sich der Jugendliche mit ADHS befindet, zum Beispiel die Schulklasse, während die Schule und damit andere Schulklassen, Lehrer*innen, Schulrat die Umwelt bilden. Die Kinder und Jugendlichen mit ADHS sind nicht nur ein Teil von dem System „Schulklasse". So sind sie immer Teil von mehreren Systemen. Dazu gehören zum Beispiel die Systeme „Familie", „Sportverein", „Freundeskreis".
Verändert sich dann also eine Komponente des Systems hat dies in der Regel Einfluss auf die Beziehungen innerhalb des Systems und auf den Austausch mit der Umwelt.

Ein System muss allerdings nicht immer eine Gruppe sein. Jeder Mensch stellt sein eigenes System dar mit entsprechender Umwelt und aus ihr kommenden Umweltreizen dar. Die Systemtheorie geht davon aus, dass das System über die Fähigkeit

---

198 Schullandheime sind schulergänzende Lernorte, die außerhalb des Instituts Schule Erziehung und Unterricht in Projektform durchführen. Häufig wird der Begriff synonym mit dem Begriff „Klassenfahrt" verwendet

199 Ulrich und Probst (1995, S. 30).

200 Vgl. Hosemann und Geiling (2005, S. 79f).

verfügt, sich Lösungen für eigene Probleme zu erarbeiten. Dementsprechend sollten Pädagogen keine Lösungsmuster vorgeben, sondern durch Reflexionsfragen eine selbstständige Erarbeitung der Lösung durch den Betroffenen in die Wege leiten[201].

Die Veränderung von Strukturen in Systemen bei erlebnispädagogischen Programmen sind bereits belegt worden. 1985 - 1989 evaluierte Michael Jagenlauf mehrere zwei- bis vierwöchige Kurse bei Outward Bound Deutschland. Es wurden dabei 35 diverse Erhebungsinstrumente genutzt und es wurden quantitative und qualitative Daten trianguliert. Dabei konnte er unter anderem bei den Teilnehmenden beobachten, dass

- im Laufe des Kurses die Selbstsicherheit und die Fähigkeit zu sozialem Handeln und Sorgfalt anstieg,
- das Zusammengehörigkeitsgefühl und der Teamgeist stark gefördert und entwickelt wurden und
- persönliche Stärken, wie zum Beispiel Ausdauer oder Selbstvertrauen bei vielen Teilnehmenden zunahmen[202].

Werden also diese Fähigkeiten - Selbstvertrauen, Selbstsicherheit und soziale Kompetenz – beim einzelnen gefördert, verändert sich die einzelne Person in dem System. Als Reaktion darauf verändert sich die Interaktion der anderen Systemelemente mit ihr und beeinflusst so die verschiedenen Beziehungen innerhalb der Systeme in dem sich die Person befindet.

---

[201] Abstreiter und Zwerger (2018, S. 69ff).

[202] Vgl. Jagenlauf 1992 zit. n. Hildmann (2009, S. 84).

5. Erlebnispädagogik und ADHS

In den vorigen Kapiteln wurden die Verhaltensstörung ADHS, verschiedene Behandlungsmethoden und die EP genauer vorgestellt. Kapitel fünf baut auf den vorhergegangenen Kapiteln auf. Durch ein Praxisbeispiel und eine Fokusgruppendiskussion sollen aktuelle Forschungsergebnisse durch die Praxiserfahrungen des Autors und den Diskurs der anwesenden Experten und Expertinnen aus dem Bereich EP und ADHS untermauert oder hinterfragt werden. Nach einem Praxisbeispiel wird zuerst erklärt, wie die Daten erhoben wurden. Anschließend werden die Daten analysiert und kategorisiert. Den Abschluss des Kapitels bildet die Dateninterpretation, welche hier eine kritische Auseinandersetzung mit den Ergebnissen der Fokusgruppendiskussion und relevanten Forschungen bedeutet.

5.1. Praxisbeispiel - erlebnispädagogisches Schullandheim

Ein fünftägiger Aufenthalt in einem SLH stellt das Musterbeispiel im Angebot der modernen EP dar. Dieses Format wird gerne von Schulklassen gewählt. Bei einem SLH nehmen in der Regel alle Schüler*innen einer Klasse teil. Ein Vorteil der klassischen Schullandheime ist auch, dass für sozialökonomisch schwächer gestellte Familien die Kosten zu einem gewissen Beitrag übernommen werden können. Dies ist im SGB II § 28 (2) 2 geregelt. So wird auch Kindern und Jugendlichen aus sozioökonomisch schwächeren Familien eine Teilnahme ermöglicht. Die Entscheidung für ein EP-Programm liegt in den Händen der Lehrer*innen. Eine Buchung kann zum Beispiel über einen Anbieter für Klassenfahrten wie „alpetour“[203] erfolgen. Bei Freizeitbetreuungen und in der offenen Kinder- und Jugendarbeit bestimmen häufig die Eltern, ob ein Kind daran teilnimmt oder nicht, weshalb hier viele potenzielle Nutznießer der EP „unter dem Radar“ bleiben. Der Vorteil beim

203 Alpetour.de (2020).

Format SLH liegt darin, dass erstens genug Zeit vorhanden ist, damit sich die Trainer*innen intensiv mit der Klasse auseinandersetzen können und der Zeitrahmen es ermöglicht, auch größere Aktionen in die Wege zu leiten. Zweitens geben außerschulische Veranstaltungen oft eine Grundlage für einen anderen Umgang miteinander in der Klasse. Auch wenn die Lehrer*innen anwesend sind, bieten erlebnispädagogische Klassenfahrten zum Beispiel für stillere, introvertiertere Schüler*innen eine Möglichkeit, in einem anderen Licht gesehen zu werden. Die Lehrer*innen bekommen die Möglichkeit, ihre Rolle als „Lektor*in" aus der Schule für ein paar Tage in den Hintergrund des Geschehens rücken zu lassen. Die häufig festgefahrene, statische Klassendynamik aus dem Klassenzimmer kann hier gelockert werden. Bei Schulklassen, die seit Jahren in der gleichen Konstellation bestehen, können neue Rollenverteilungen ermöglicht werden, bei Klassen, die erst neu gebildet wurden, wird das gegenseitige Kennenlernen gefördert. Auch die Lehrer*innen haben dabei die Möglichkeit, von ihren Schülern und Schülerinnen anders erlebt zu werden und bekommen bei solchen Ausnahmesituationen die Möglichkeit, eine Bindung zu ihrer Klasse aufzubauen. Natürlich ist dies auch bei eintägigen Wandertagen möglich. Ein mehrtägiger, gemeinsamer Aufenthalt außerhalb der Schule entfaltet jedoch eine intensivere Dynamik.

In der Literaturrecherche, der Fokusgruppendiskussion und der Dateninterpretation ist wiederholt die Rede von drei- bis fünftägigen Schullandheimen. Ein Praxisbeispiel soll exemplarisch ein dreitägiges erlebnispädagogisches Programm darstellen. Das Beispiel zeigt das häufig gewählte Programm von Schulklassen bei EP Extratouren in Rieneck. Die Klasse verbringt die Nacht auf Burg Rieneck, wo die dort angestellten Bundesfreiwilligendienstler*innen das Programm am Montag und Freitag bzw. Abendprogramm mit der Klasse durchführen. Kern des Aufenthaltes stellen jedoch die verschiedenen erlebnispädagogischen Aktionen von Dienstag bis Donnerstag dar.

Eine Woche auf Burg Rieneck

Ein Praxisbeispiel: Eine Schulklasse plant ein EP. Die achte Klasse einer Realschule entscheidet sich dafür, mit ihren 28 Schülern und Schülerinnen sowie zwei Lehrern und Lehrerinnen, ein EP Programm auf Burg Rieneck durchzuführen. Zu Beginn und im Verlauf des Programms werden die Jugendlichen immer wieder auf das Motto „Challenge-By-Choice" aufmerksam gemacht. Jeder Teilnehmende soll so weit gehen, wie er will. Keiner wird gezwungen, höher oder weiter zu gehen, als er oder sie sich zutraut. Natürlich sollen Trainer*innen und Schüler*innen die skeptischen Jugendlichen dazu motivieren, etwas weiter zu gehen, als sie es sich selbst zutrauen. Denn hier werden die größten Erfolge erlebt. Trotzdem wissen die Jugendlichen genau, dass sie die Kontrolle über den Ablauf der Aktivität haben und sie es jederzeit sagen können, wenn sie nicht mehr weiter gehen können oder möchten[204]. Ein weiteres Modell, auf welches von den Trainern oder Trainerinnen verwiesen wird, ist das sogenannte „Komfortzonenmodell". Die Schüler*innen werden dazu angehalten, ihre Komfortzone, also den Bereich, in dem sie sich wohlfühlen, bewusst und durch die Trainer*innen angeleitet zu verlassen, um die sogenannte „Wachstumszone" zu erreichen. Dieser Bereich meint die Tätigkeiten, die sich außerhalb des Bekannten und Gewohnten befinden, die neue Reize und neue Herausforderungen präsentieren und bei denen die Teilnehmenden neue Erfahrungen sammeln und lernen können. Dabei ist es die Aufgabe der Trainer*innen, zu verhindern, dass die sogenannte „Panikzone" erreicht wird, bei der der einzelne Teilnehmende blockiert und sich die Angst in Fluchtverhalten oder anderen schädlichen Verhaltensweisen wie Unfällen manifestiert[205]. In Abbildung 4 ist das Komfortzonenmodell mit seinen verschiedenen Zonen und den damit verbundenen Emotionen grafisch dargestellt.

---

204 Vgl. Singh Wallia (2008, S. 40f).

205 Vgl. Michl (2009, S. 39f).

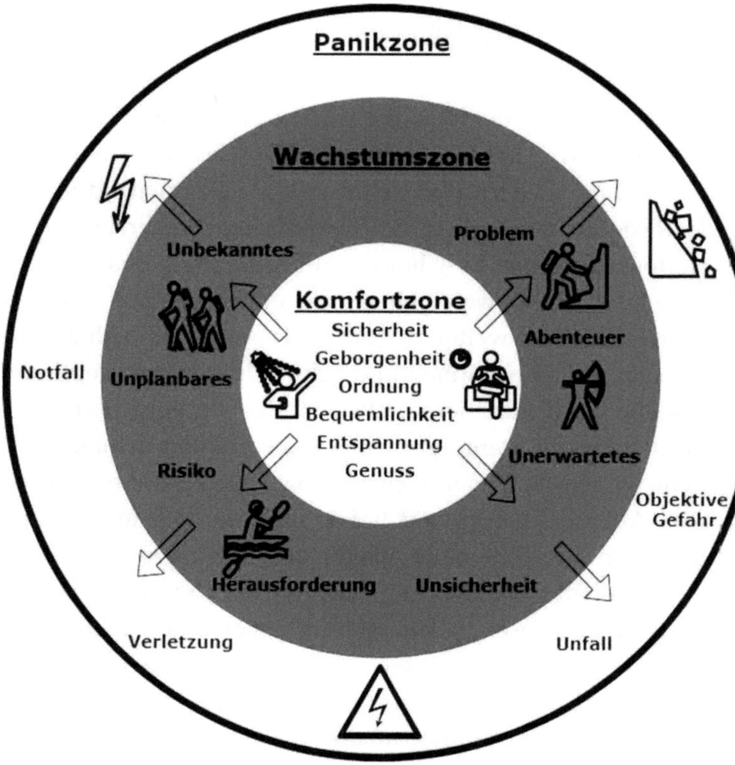

Abbildung 4 - Komfortzonenmodell

Quelle: In Anlehnung an Michl (2009)[206]

Diese theoretischen Konzepte bilden die Grundlage für das praktische Programm, welches der Gruppe in den darauffolgenden Tagen präsentiert wird.

Tag eins: Orientierungslauf und Floßbau

- Um eine Vertrauensbasis aufzubauen, beginnen die Trainer*innen mit Warmups und Kennenlernspielen. Hier werden erste Einblicke in die Beziehungen und Kleingruppen innerhalb der Klasse ermöglicht. Auch Außenseiterrollen können hier bereits leicht aufgedeckt werden.

206 Michl (2009, S. 41).

- Die Trainer*innen erklären den Schülern in mehreren Kleingruppen wie Karte, Kompass und GPS-Gerät funktionieren.
- Die verschiedenen Kleingruppen sollen die Großgruppe zu den auf der Karte markierten Punkten bringen. Ist der Punkt erreicht, übernimmt eine andere Kleingruppe die Führung. Jede Kleingruppe hat die Verantwortung für die Klasse. Sie haben das Tempo zu bestimmen, die anderen zusammenzuhalten und deutliche Ansagen zu machen, wenn etwas nicht stimmt oder Ungewissheit herrscht. Verläuft sich die Gruppe, ist die Führungsgruppe dafür verantwortlich. Hier kann der Trainer*innen eingreifen und eventuell Hinweise geben, um zurück auf den richtigen Weg zu kommen.
- An mehreren Zwischenzielen auf der Strecke unterbrechen die Pädagogen die Wanderung, um Kooperationsaufgaben mit der Gruppe durchzuführen. Diese sollen den Gruppenzusammenhalt vor dem Floßbau am Nachmittag stärken und es den Trainern und Trainerinnen ermöglichen, einen Einblick in die bestehenden Dynamiken und Problematiken zu erlangen.
- Nach Ankunft am Ziel bekommen die Jugendlichen eine Aufgabe: Es sollen zwei Teams gebildet werden. Jedes Team soll aus Brettern, Seilen und Baggerschläuchen, die die Trainer*innen zur Verfügung stellen, ein schwimmendes Floß bauen, das die komplette Gruppe aushält. Das Floß sollte so gebaut werden, dass es das andere Ufer des Sees erreicht. Ein Rettungsschwimmer muss anwesend sein. Weiterhin soll jede Gruppe eine Flagge anfertigen, die ihre Gruppe repräsentiert. Die Trainer*innen können je nach Gruppe und Alter beim Bau helfen. Es können zum Beispiel nützliche Knoten gezeigt werden. Die Gruppe erhält allerdings keine Blaupause oder bauliche Vorgaben. Ein Zeitlimit wird vorgegeben, das aber notfalls verlängert werden kann.
- Nach abgeschlossener Bauphase testen die Jugendlichen das Floß auf dem Teich und überqueren diesen. Abschließend wird das Floß gemeinsam wieder abgebaut. Die

Bauphase und die Rolle des Einzelnen werden in einer Abschlussrunde reflektiert.

Bereits ein Tag an erlebnispädagogischem Programm macht deutlich, wie viele verschiedene kognitive und emotionale Bereiche bei den Jugendlichen angesprochen werden. Im Mittelpunkt des Tages stehen hier die Gruppendynamik und das Übernehmen von Verantwortung. Für alle Programmpunkte reicht eine grundlegende Fitness vollkommen aus. Bei der Wanderung, die ihre Grundlagen in der Expedition nach Kurt Hahn findet, stehen die kognitiven und kommunikativen Fähigkeiten im Vordergrund. Der Gruppe muss kommuniziert werden können, wo sie sich befinden, wie weit es noch ist und in welchem Tempo sie vorangehen müssen. Bei dem Floßbau können die stärkeren Jugendlichen das oft langwierige Aufpumpen der Baggerschläuche übernehmen, die kognitiv starken Kinder und Jugendlichen beschäftigen sich lieber mit der Konstruktion und den Knoten. Die künstlerisch Begabten kümmern sich währenddessen um eine möglichst repräsentative Flagge für die Gruppe. So hat jeder Jugendliche die Möglichkeit, seine Rolle im Gefüge zu finden. Ob die einzelnen Teilnehmenden etwas Neues ausprobieren oder etwas tun, was ihnen ohnehin gut liegt, können sie selbst entscheiden. Die Trainer*innen sollten die vielen kleinen Pausen nutzen, um im Anschluss an Wegabschnitte oder Kooperationsaufgaben, das Vorgehen der Klasse zu reflektieren. Mit diversen Reflexionstechniken wie dem Outward Bound Plus Modell aus Kapitel 4.2. wird erörtert, wer welche Rolle bei der Aktion eingenommen hat, was verbesserungswürdig ist und was bereits gut funktioniert hat. So können Kooperationsaufgaben wie zum Beispiel der Turmbau, bei dem zwei Kleingruppen einen möglichst stabilen und hohen Turm aus Naturmaterialien bauen sollen, eine gute Vorbereitung auf den wesentlich komplexeren Floßbau sein. Solche Übungen können durch einen weiteren Aspekt abgeändert werden, in dem zum Beispiel ein Gruppenmitglied nicht am Bau teilnimmt, sondern eine Beobachterrolle einnimmt, um in der abschließenden Reflexion zurückzumelden, was ihm oder ihr beim Bauprozess aufgefallen ist.

Tag zwei: Teamhochseilgarten

- Der Tag beginnt erneut mit Warmups. Diese können bereits mit der Thematik des Kletterns zu tun haben und einen Einblick in den kommenden Tag geben.
- Sicherheitseinweisung, Regeln, Erklärung der Freiwilligkeit und Referenz zu den oben genannten theoretischen Grundlagen.
- Durchführen von verschiedenen Elementen des Teamhochseilgartens mit steigender Schwierigkeit.

Auch Teamhochseilgärten sprechen ein breites Feld an Fähigkeiten an und entwickeln im Laufe des Tages eine spannende Dynamik. Die Spannung beim Teamhochseilgarten ist die, dass die Jugendlichen nicht nur die sportliche Komponente ausleben, sondern auch die soziale Komponente. Denn die Kletterer werden von ihren eigenen Klassenkameraden, natürlich immer unter der Aufsicht der Trainer*innen, gesichert. Dabei werden Sicherungsketten gebildet. Ein Element des Hochseilgartens sind zum Beispiel die fliegenden Stufen. Ein Element, das der oder die Kletternde nur überwinden kann, wenn der Rest der Gruppe, der sich am Boden befindet mit Seilen mehrere Plattformen richtig anordnet. In Abbildung 5 ist eine Gruppe zu sehen, die bei EP Extratouren versucht, die fliegenden Stufen zu überwinden.

Abbildung 5 - Fliegende Stufen bei EP Extratouren gUG
Quelle: Michel (2021)[207]

Ohne die Hilfe der Klasse wäre eine Vollendung der Übung nicht möglich. Der oder die Kletternde muss mit dem Rest der Gruppe kommunizieren, wie sie ihm am besten helfen können. Anschließend findet sich der oder die Kletternde wieder in der anderen Rolle und kann anders an die Aufgabe der „Bodengruppe" herangehen, da er nun weiß, welche Bedürfnisse der oder die aktuelle Kletternde hat. Auf der sogenannten Jakobsleiter befinden sich

207 Michel (2021b).

immer zwei Kletternde, die nur durch gemeinsame Unterstützung und Absprache die letzte Sprosse erreichen können.

Beim sogenannten "Pamperpole" hat jeder bzw. jede Teilnehmende die Aufgabe, auf einen knapp 9m hohen Holzpfahl mit seitlichen Stufen zu klettern. Die Herausforderung ist es dabei, sich am Ende auf den Pfahl zu stellen und einen aufrechten Stand einzunehmen. Hier sichert die Gruppe den Kletternden oder die Kletternde in zwei Gruppen. Auch hier lernen die Jugendlichen, vor allem in der Rolle des Sichernden, Verantwortung zu übernehmen, während der Kletterer merkt, dass er sich auf die anderen verlassen kann. Sportlich veranlagten Kindern fällt das Klettern in der Höhe selbstverständlich leichter. Im Fokus steht jedoch nicht, dass die Gruppe die Aufgaben so schnell wie möglich löst, sondern, dass alle Teilnehmende es schaffen. Dabei sind vor allem Kinder mit Höhenangst zu Beginn skeptisch, zeigen sich aber dafür begeisterter, wenn sie ihre eigene Schwäche überwunden haben. Auch hier kann eine starke Gruppendynamik erzeugt werden. Die Jugendlichen motivieren ihre Klassenkameraden und Klassenkameradinnen, leisten seelische Unterstützung, wenn es doch mal jemand nicht geschafft hat und erfreuen sich an ihren Erfolgen. Auch hier wird wieder das Vorgehen nach den einzelnen Elementen in der Gruppe reflektiert. Die Salemer Gesetze aus Kapitel 3.5. sagen aus, dass es wichtig für Jugendliche ist, nicht nur ihre Stärken, sondern auch ihre Schwächen zu kennen. Der Teamhochseilgarten ermöglicht eine Selbstreflexion mit den eigenen Ängsten und ermöglicht entweder eine Konfrontation und Verarbeitung oder immerhin eine Akzeptanz von diesen.

Tag drei: Bogenschießen und Abseilen

- Die Klasse begibt sich zu einem Schießplatz und wird in das intuitive Bogenschießen mit Langbögen eingeführt. Anschließend schießt die Gruppe auf verschiedene Ziele auf einem Bogenparkour.
- Die Klasse bekommt erneut eine Sicherheitseinweisung mit Kletterausrüstung.
- Unter Anleitung des Trainers oder der Trainerin seilen sich die Schüler von einem 18 Meter hohen Burgturm ab.

Im Fokus des dritten Tages steht etwas weniger die Gruppendynamik, sondern die Selbstfindung. Beim Bogenschießen wird den Jugendlichen Konzentration und eine gewisse kognitive Stärke abverlangt. Auch hier wird kein hoher Level an Fitness benötigt. Der Transfer vom Bogenschießen auf den schulischen Alltag fällt leicht. Es werden Konzentration, Geduld und der Umgang mit Niederlagen angesprochen und in der Praxis geübt. Gerade diese Fähigkeiten werden in der Schule auch von den Jugendlichen erwartet.

Beim Abseilen geht es vor allem um das Überwinden der eigenen Angst. Für die meisten Jugendlichen stellt das Abseilen vom 18 Meter hohen Burgturm die höchste Herausforderung des Programms dar. Die Jugendlichen werden hier direkt mit ihrer eigenen, oft irrationalen, Angst konfrontiert. Sie werden dazu motiviert, ihre eigene Komfortzone zu verlassen und etwas Neues auszuprobieren. Vor allem die Jugendlichen, die vor dem Abseilen hart mit sich zu kämpfen hatten, sind sehr befriedigt, wenn sie wieder heil am Boden ankommen und stolz darauf, dass sie es gewagt haben. Eine weitere Dynamik, die man beim Abseilen beobachten kann, ist die Empathie. Der erste Schritt kostet in der Regel die meiste Überwindung. Häufig wird dieser nur unter dem Zureden von Freunden oder Freundinnen, die dem Abseilenden sehr nahestehen oder selbst ähnliche Ängste hatten, gewagt. Auf Abbildung 6 ist ein Jugendlicher zu sehen, der unter Anleitung des Trainers bereits einen Teil des Abstiegs überwunden hat.

Abbildung 6 – Abseilen vom Burgturm bei EP Extratouren gUG

Quelle: Michel (2021)[208]

Den Abschluss des Wochenprogramms bildet eine Abschiedsrunde, in der die Gruppe sich darüber austauscht, was sie innerhalb des Zeitraumes erreicht haben. Dabei geht es einerseits um die persönliche Entwicklung, andererseits natürlich auch um die Hindernisse, die in der Klassengemeinschaft überwunden wurden.

Der Unterschied zu einem Setting in der Schule entsteht vor allem durch das Programm in der Natur. Anstatt in Sporthallen

---

[208]Michel (2021a).

oder Klassenzimmern zu lernen, verbringt die Klasse den größten Teil der Zeit an der frischen Luft. Die Natur kann außerdem auch in verschiedene Reflexionsübungen integriert werden. Vor allem für Großstadtkinder stellt das eine sehr ungewohnte Abwechslung zum Schulalltag dar.

Diese exemplarische Woche dient als Grundlage für die folgende Fokusgruppendiskussion.

5.2. Datenerhebung

Vor Beginn der qualitativen Forschung wurde eine quantitative Datenerhebung in Betracht gezogen. Lehrer*innen bekämen Fragebögen basierend auf dem Fremdbeurteilungsbogen für Hyperkinetische Störungen vor und nach einem erlebnispädagogischen SLH zugesendet, die eine positive oder negative Entwicklung nach dem SLH dokumentieren sollten. Bei diesen Fremdbeurteilungsbögen wird beurteilt, wie stark die Symptomatik von ADHS auftritt und wie viel Einfluss sie auf die beurteilende Person haben. So hätte dokumentiert werden können, ob es zu einer Reduktion von Symptomen unmittelbar nach dem SLH gekommen ist. Anstatt den quantitativen Ansatz weiter zu verfolgen entschloss sich der Autor jedoch, einen qualitativen Ansatz zu wählen, der für das Forschungsfeld angemessener erschien. So sollte die persönliche Biografie der Betroffenen und deren Rolle in ihrem Umfeld im Fokus stehen und nicht nur die Entwicklung und Symptomatik der ADHS. Der Autor wollte herausfinden, **wie ein dauerhafter Transfer von den erlernten Verhaltensmustern aus dem EP in den schulischen und privaten Alltag von Kindern und Jugendlichen mit ADHS ermöglicht werden kann**. Dabei ging es sowohl um quantitative Merkmale im Sinne einer verringerten Symptomatik als auch um qualitative Merkmale wie die Einstellung der Mitschüler*innen auf die Betroffenen. Diese und weitere Fragen wurden in einem Leitfaden manifestiert, der dazu diente, der Gruppe im weiteren Verlauf der Diskussion neuen Input zu geben:

- Wie kann man die vier Therapieelemente der EP nach Kurt Hahn in Kapitel 3.4. niedrigschwellig in den schulischen Alltag integrieren?
- Ist es möglich, den „Dienst am Nächsten" nach Kurt Hahn in den schulischen Alltag zu integrieren?
- Wie kann Kindern aus sozioökonomisch schwachen Familien, die ein höheres Risiko haben, an ADHS zu erkranken, ein Erfolgserlebnis außerhalb vom EP ermöglicht werden?
- Hat die Komponente „draußen sein" einen positiven Effekt auf die Aufmerksamkeit von Kindern mit ADHS?
- Wie kann die Energie von Kindern und Jugendlichen mit ADHS sinnvoll genutzt werden?
- Ist EP eine Alternative zu einer medikamentösen Behandlung oder stellt sie nur eine Ergänzung für eine medikamentöse Behandlung dar?

Um diese Fragen zu diskutieren, wurde eine Fokusgruppendiskussion in die Wege geleitet. Voraussetzung für eine Einladung zu der Fokusgruppendiskussion war mehrjährige Arbeitserfahrung in dem Feld der EP. Insgesamt wurden zehn potenzielle Teilnehmer kontaktiert. Die Anzahl der potenziellen Teilnehmer war aufgrund der örtlichen Bindung und hohen Anfahrtskosten für externe Teilnehmer stark reduziert.

Die Fokusgruppendiskussion fand am 2. Juli 2019 in Rieneck im Spessart statt. Die Diskussion begann um 19 Uhr, dauerte etwa 80 Minuten und wurde vom Autor der Bachelorarbeit moderiert. Nach dem Einverständnis der Teilnehmenden wurde die Diskussion mit dem Mikrofon eines Smartphones aufgezeichnet und anschließend manuell transkribiert. Die Teilnehmenden waren insgesamt vier Erlebnispädagogen und Erlebnispädagoginnen, alle mit langjähriger Praxiserfahrung bei diversen Anbietern.

- **Andreas Michel**. Als Leiter von EP Extratouren in Rieneck hat Andreas Michel eine lange Geschichte im Berufsfeld EP. Auf und um Burg Rieneck bietet er verschiedene pädagogische Programme für Gruppen an. Dazu gehören ein Teamhochseilgarten, Floßbau, Teamtrainings, Intuitives Bogenschießen und Abseilen. Weiterhin bietet er Inklusives Bogenschießen (IBOR) an. Hier soll Menschen mit Beeinträchtigung durch den Umgang mit dem Bogensport eine Teilhabe am Sport ermöglicht werden.

- **Jennifer Herrmann**. Jennifer Herrmann arbeitete als Programmleiterin bei EP Extratouren. Die studierte Sozialpädagogin hat in ihrer Zeit als freie Trainerin unter anderem bei dem Anbieter Aventerra EP angeboten.
- **Ingo Krüger**. Ingo Krüger arbeitet unter anderem bei der Outdoorschule Süd und bietet dort den Kurs „Erste Hilfe Outdoor" an. Er ist Sportwissenschaftler und seit knapp 20 Jahren in der EP tätig.
- **Franziska Beils**. Franziska Beils ist Studentin der Sonderpädagogik und Geografie an der Julius-Maximilians-Universität Würzburg. Sie hat eine Zusatzausbildung zur Erlebnispädagogin abgeschlossen und konnte als Übungsleiterin und Erlebnispädagogin schon viel Erfahrung in der Arbeit mit Kindern und Jugendlichen sammeln.

Als Input erhielt die Gruppe einige Informationen zu dem aktuellen Stand der ADHS-Erkrankung in Deutschland. Dabei ging es um den in Kapitel 2.5.1. genannten Zuwachs an Ritalinkonsum und die hohe Prävalenz der Krankheit im Bezirk Unterfranken, in dem Rieneck ja auch liegt. Anschließend wurden der Gruppe kurz einige alternative Behandlungsmethoden, wie sie in Kapitel 2.6. dargestellt wurden, erklärt. In diesem Sinne wurde auch auf Gerald Hüthers Via Nova Projekt verwiesen, welches kritisch betrachtet nicht die erhofften Ergebnisse, beziehungsweise wissenschaftliche Absicherung von EP, die man sich erhofft hatte, ablieferte. Abgeschlossen wurde der Input mit einem Zitat von Gerald Hüther aus einer persönlichen Mail an den Autor:

> „Ich hatte gehofft, dass dieses leidige ADHS-Thema sich irgendwann von selbst erledigt, aber offenbar gibt es immer noch genügend Personen, die daraus ihre jeweiligen Gewinne schöpfen. […] Und dass es diesen Kindern im Wald und in der Natur nachhaltig besser geht als in der Schule, wird ja jeder bestätigen, der sie dort draußen einmal erlebt hat"[209].

[209] Hüther (2019).

Um Unklarheiten zu vermeiden sind die Zitate aus der Fokusgruppendiskussion mit römischen Zahlen markiert. Die gesamte Transkription der Diskussion befindet im Anhang des Buches.

5.3. Datenaufbereitung

Im Anschluss an die Diskussion wurde die Audioaufnahme vom Autor transkribiert. Nach der Transkription wurde eine Textanalyse durchgeführt, wobei die Aussagen der Teilnehmenden in diverse, thematische Antwortkategorien eingeordnet wurden. Dafür wurde induktiv vorgegangen. Dabei war es für einzelne Aussagen auch möglich, ein Teil von mehreren Kategorien zu sein. Neben den Kategorien gab es weiterhin noch besonders wichtige, markierte Zitate. Diese Kategorien sahen wie folgt aus:

- **Sonderaufgaben.** Bei diesen Aussagen steht das Verteilen von zusätzlichen Aufgaben an die Kinder und Jugendlichen mit ADHS im Vordergrund.
- **Systemische Perspektive.** Diese Aussagen sprechen einen systemischen Ansatz an. Hier geht es um die verschiedenen Systeme, in denen sich die Klienten befinden und darum, wie eine Veränderung in den Systemen ermöglicht werden kann.
- **Negative und positive Selbstwahrnehmung.** Hierbei stehen verschiedene Erfahrungen, die sich positiv oder negativ auf das Selbstbild des betroffenen Kindes oder Jugendlichen auswirken können.
- **Sport.** Hier wird die Wirkung von sportlichen Interventionen angesprochen.
- **Schule, Verantwortung der Schulen.** Bei diesen Aussagen wird über die Schule, Lehrer*innen, Kultusministerien und andere Beteiligte am Schulsystem gesprochen.
- **Handlungsorientierung.** Hier geht es um die Distanzierung vom klassischen schulischen Unterricht hin zu einem praxisorientierteren Unterricht.
- **Umsetzung, Realisierung, Finanzen.** Hier werden die finanziellen Mittel, die Problematik für sozioökonomisch

schwache Familien und daraus resultierende Hindernisse angesprochen.

- **Kontinuität.** Diese Aussagen beschäftigen sich damit, wie langfristige, kontinuierliche Programme etabliert werden können.
- **Verantwortung.** Die Übertragung von verantwortungsvollen Aufgaben auf das Kind mit ADHS.
- **Multimodale Behandlung, Medikamenteneinsatz.** Die Effektivität einer medikamentösen Behandlung und Alternativen.
- **Personal.** Hierbei geht es um die personelle Ausstattung von Schulen.

Diese Kategorien stellten die Kernelemente der Diskussion dar und werden bei der folgenden Dateninterpretation behandelt.

5.4. Dateninterpretation und Diskussion

Wie oben bereits aufgeschlüsselt wurde, sind die einzelnen Teilelemente der EP sehr positiv besetzt (siehe Kapitel 4.3.). Gerald Hüther bringt die aktuelle Situation mit seinem Zitat (siehe Kapitel 5.2.) passend auf den Punkt.

Auch wenn es Kindern in der Natur nachhaltig besser gehen mag, befinden sich trotzdem viele Schulen in urbanen Regionen, in denen ein direkter Naturkontakt nur sporadisch möglich ist. Also muss ein Transfer des neu erlernten Verhaltens in den Alltag der Klienten ermöglicht werden.

Einen Transfer in den Alltag von Klienten zu ermöglichen sei deshalb so schwer, *„weil die EP eine kurzzeitige pädagogische Intervention ist, in naturnaher Umgebung stattfindet und mit ihren alltagsfremden Aktivitäten zu weit von der Realität entfernt ist“*[210]. Michl fasst die Problematik der EP in einem Satz prägnant zusammen. Daher steht die Frage im Mittelpunkt: Wie kann ein Transfer von neu erlernten Verhaltensmustern aus dem SLH in den Alltag des Klienten ermöglicht werden?

---

210 Michl (2009, S. 50).

In der Diskussion wurde die Frage gestellt, ob erlebnispädagogische Kurzzeitsettings, wie man sie häufig antrifft, einen langfristig positiven Effekt mitbringen. Unter den Teilnehmenden war die Meinung zu vernehmen, dass EP durchaus einen positiven Effekt auf die Kinder und Jugendlichen hat. Allerdings wird auch nüchtern festgestellt, dass EP im weitesten Sinne keine heilende Wirkung hat. Das liege vor allem daran, dass das Fenster zeitlich nur sehr begrenzt ist, in dem die erlebnispädagogischen Elemente eingebaut werden können. Hier deckt sich die Meinung mit der von Bühler und Michl. Denn Szenarien wie in Via Nova (siehe Kapitel 2.6.6.) sind für die normale Familie doch eher unrealistisch und bleiben nur Pilotprojekte. Das häufigste Szenario ist, wie oben dargestellt, ein drei- bis fünftägiges erlebnispädagogisches Programm im Rahmen eines SLH. Im Folgenden werden die Aussagen zu den in Kapitel 5.2. genannten Fragen entschlüsselt und analysiert.

5.4.1. Systemische Ansätze

Bei den systemischen Ansätzen, deren Grundidee bereits in Kapitel 4.4. erklärt wurde, ging es vor allem um die Frage, wie man einen Transfer der systemischen Veränderungen in den Alltag der Klienten ermöglichen kann. Michel spricht in der Diskussion den systemischen Gedanken an. Das betroffene Kind könne durch die gemeinsame Zeit und das Setting außerhalb des Klassenzimmers von Lehrer*in und Klasse in einem anderen Licht gesehen werden: *„Das soziale Umfeld bringt Erfahrungen mit dem Kind mit, das Kind bringt Erfahrungen im Umgang mit der Gruppe mit. […]. Gleichzeitig genießen wir als Pädagogen eine andere Freiheit als die Lehrer im Zusammenspiel mit dem Kind. Dass wir keinen Lehrplan an diesem Tag fertig bringen müssen bis zum Jahresende und die 20 anderen Kinder keinen Schaden daran nehmen, wenn wir uns für das eine Kind [mit ADHS] Zeit nehmen. Was ja eigentlich auch meistens die Hauptaufgabe [der Pädagogen] ist, quasi sich um die Integration dieses einen Kindes zu kümmern. Das kann sich mal von einer anderen Seite zeigen, als es das im schulischen Alltag kann. […] Alle Beteiligten können eine neue Perspektive aufeinander gewinnen"* (S. IIf). Michel spricht einen wichtigen Punkt an. Bei einem erlebnispädagogischen EP bekommen

Kinder die Möglichkeit, sich in einem anderen Licht zu zeigen. Die im schulischen Unterricht als störend wahrgenommenen Verhaltensweisen wie Impulsivität und die übertriebene körperliche Aktivität können zur Bereicherung der Gruppendynamik genutzt werden. Herrmann meint, *„dass das viel mit den Lehrkräften zusammenhängt, die in dem Programm das Kind eben anders erleben, ganz neue Seiten sehen, auch andere Leistungsbereitschaft oder andere Motivation sehen oder einfach auch diese Stärken wahrnehmen und die dann eben hoffentlich das schaffen, das mit in den Alltag zu nehmen"* (S. VII). Herrmann führt in einem Praxisbeispiel aus: *„So in der Schule eben total nervig und störend, weil er [ein Junge mit ADHS] immer schon los redet, bevor die Aufgabe quasi zu Ende gestellt ist und immer voranprescht, bevor es eigentlich losgeht. Und im Hochseilgarten hat er dann halt bei jedem Element als erster richtig gut durchgezogen, also sich als erster getraut, vor allen [Anderen] hochgegangen ist und das auch immer zu Ende gebracht hat. Wo alle dann irgendwie extrem erstaunt waren und es ist im Endeffekt ja das gleiche Verhalten: Dieses ‚in Aktion treten und loslegen wollen'"* (S. XX). Sie erklärt, dass es vor allem in Gruppen, die lange über eine Lösung nachdenken, ein positives Vorbild sein kann, wenn *„jemand der vorangeht und einfach anpackt und den anderen zeigt wie es geht […] und alle anderen sich dann ein Beispiel daran nehmen können"* (S. XXI) in der Gruppe vorhanden ist. Michel ergänzt diese Aussage durch die weitere Steigerung des proaktiven Verhaltens: *„Daran anschließend erlebt das Ganze noch eine Steigerung, wenn das Kind so gefangen ist in der Situation, dass es die anderen anfeuert […] und auf einmal nicht eine Störung von dem Kind erfahren [wird], sondern eine Rückstärkung"* (S. XXI). Michel und Herrmann wählen also den systemischen Weg und stellen fest, dass durch das Setting außerhalb von der Schule, wo das Kind in der Regel sitzen, zuhören und aufpassen muss, ein Perspektivenwechsel für den Lehrer oder die Lehrerin und die anderen Mitschüler ermöglicht wird. Die Symptomatik muss dabei nicht spürbar verringert werden, aber das System, in dem sich das Kind befindet, nämlich die Schulklasse, erblickt den „Störenfried" als hilfreiches Mitglied der Gemeinschaft. Herrmann erzählt: *„Ja vor allen Dingen bietet das einfach die Möglichkeit, dass der Fokus auf die Stärken der Kids gelegt wird. […], wie gesagt, in den normalen Sys-*

temen, in denen sie so unterwegs sind, geht es ja eher ums Funktionieren und darum, dass das große Ganze irgendwie läuft. Und dann wird natürlich schnell zum Störfaktor was eigentlich ja `ne große Stärke sein kann. So viel Elan und Energie zu haben und so viel Bewegungsdrang und so was alles ist ja auch eine enorme Schaffenskraft und eigentlich was total Positives, wenn man die Rahmenbedingungen hat, die das dann eben auch entsprechend so bewerten" (S. IVf). Die Rahmenbedingungen werden also verändert und so erfährt das System „Schulklasse" (siehe Kapitel 4.4.) die sonst als störend wahrgenommenen Fähigkeiten als Bereicherung.

Erlebnispädagogen und Erlebnispädagoginnen haben während dem SLH Einfluss auf eben das System „Schulklasse". Dadurch, dass sich im Laufe des Programmes einzelne Teile des Systems (Schüler*innen) verändern und anders wahrgenommen werden, verändert sich als Folge das komplette System. Dadurch, dass das System sich verändert hat und ja im Austausch mit seiner Umwelt steht, haben die Veränderungen auch über die Systemgrenzen hinaus eine Wirkung. Ähnlich wie bei den familienzentrierten Ansätzen aus Kapitel 2.6.3. wird der Mensch also nicht allein, sondern immer innerhalb seines Umfeldes, dem System, in dem er sich befindet und den daraus resultierenden Wechselwirkungen, betrachtet.

Der Vorteil, als Pädagoge oder Pädagogin bei solchen erlebnispädagogischen Programmen dabei zu sein, liegt darin, dass man sich mehr Zeit für die einzelnen Schüler und Schülerinnen nehmen kann, um diese zu integrieren. Den Lehrern und Lehrerinnen fehlt es aufgrund des Lehrplans dafür oft an Zeit und Raum. In der beruflichen Praxis ist es üblich, dass die Lehrer*innen, die die SLHs buchen, eine Vorab-Evaluation ausfüllen. Dabei wird häufig bereits vor dem Programmstart deutlich, dass es Außenseiter gibt, die integriert werden sollen. Nicht selten sind das die Kinder und Jugendlichen mit ADHS, denen es aufgrund ihres auffälligen Verhaltens (siehe Kapitel 2.) schwerfällt, ihren Platz im Klassengefüge, dem System „Schulklasse", zu finden. Wie oben bereits angesprochen, kann man das Verhalten, das im Unterricht als störend wahrgenommen wird, in der erlebnispädagogischen Praxis effektiv nutzen. Die systemischen Gedanken werden weiter von Michel ausgeführt: „*Es [Die Klasse] ist ein lebendes System mit 25 Kindern und einem oder zwei Lehrern und eben dem betroffenen Kind*" (S. VII). Michel führt weiter aus, dass man den systemischen Gedanken auch auf eine höhere Ebene, weg von der Schule hin zur Gesellschaft anwenden kann: „*Das ist halt auch eine Frage, die wir uns in unserer Gesellschaft stellen müssen. Wie gehen wir mit so was um, mit so einer Störung, mit so einer Besonderheit von einem Menschen. Meine Erfahrung ist, dass ADHS durchaus vererbbar ist und die Eltern hatten aber diese Probleme nicht, die ihre Kinder heute haben. Die hatten keine Diagnose. Die waren halt ein wenig lebhafter hat man gesagt. Und unsere Gesellschaft war damals noch so drauf, auch im Schul- und Arbeitsleben, dass das nicht zur Katastrophe für diesen Menschen geführt hat, also im Rahmen einer sogenannten Abwertung oder Aussonderung. Heute gehen wir damit anders um*" (S. XI). Michel spricht einen wichtigen Punkt an. In Kapitel 2.3. wurde bereits darauf hingewiesen, dass auch genetische Komponenten bei der Entwicklung von ADHS eine Rolle spielen können. Die in Kapitel 2.5.1. aufgeführte Statistik zum starken Anstieg des Ritalinkonsums bestätigt den Eindruck einer anderen Herangehensweise an eine Krankheit, die nicht erst im 21. Jahrhundert zu beobachten war. Herrmann ergänzt den gesellschaftlichen Systemgedanken: „*[Kinder] sind als Individuen einfach eingebettet in verschiedene Systeme. In den Systemen werden gewisse Anforderungen gestellt und wir sind nun mal in einer sehr leistungsorientierten Gesellschaft. Und so sind auch unsere Schulen, teilweise auch Familien ausgerichtet und da ist es auch einfach ein Stück weit wichtig, zu funktionieren. Und wenn ich dann immer nur die Erfahrung mache, nicht gut genug zu sein, dann ist das auf Dauer auch echt schwer auszuhalten*" (S. XII).

Herrmann führt aus, dass man die Gesellschaft nicht sofort verändern kann: „*Und wenn das System in dem Moment eben nicht in der Lage ist oder nicht schnell genug reagieren und sich ändern kann für das Kind, dann ist das zwar bitter auf der einen Seite, aber dann muss dann das Kind halt ein Stück weit da reinpassen*" (S.XII). Natürlich ist der gesellschaftliche Blick auf eine Erkrankung nicht leicht zu beeinflussen, deswegen soll hier der Fokus wieder zurück auf die kleineren, unmittelbareren Systeme zurückwandern. Michel bezieht sich argumentativ wieder auf die Schulklassen: „*Die Gemein-*

schaft der Gruppe. Ich denk', dass das das wesentliche Anliegen der Kinder oder des Menschen sein wird, seinen Platz zu finden. Seinen Platz in der Gruppe, an dem es seine Anerkennung und seine Aufmerksamkeit genießt, seine Geborgenheit im Rahmen von der Gruppe bekommt" (S. XI). Dies kann laut Michel über *„Gemeinschaftsstiftende Aktionen"*, bei denen gemeinsame Erfolge erzielt werden, geschehen. Damit meint Michel nebensächliche Momente wie ein gemeinsames Lagerfeuer, oder *„wo der schwierige Moment gemeistert wird und zum wunderbaren Erlebnis wird"* (S. XIf). Wie bereits in Kapitel 4.4. in der Studie von Jagenlauf aufgezeigt wurde, lassen sich die Beobachtungen der Interviewten auch wissenschaftlich belegen. Das gemeinsame Durchhalten und das Unterstützen von Schwächeren in der Gruppe werden von Teilnehmenden bei EP häufig als wichtige Effekte genannt[211].

5.4.2. Positive Selbstwahrnehmung

Jagenlauf (1994) spricht auch die persönliche Stärke an und berichtet von einer Zunahme von Selbstvertrauen bei den Teilnehmenden. Wie zuvor bereits entschlüsselt, kommt es darauf an, wie das Verhalten des Einzelnen im System selbst wirkt. Herrmann erklärte, wie die Impulsivität bei erlebnispädagogischen Programmen durchaus hilfreich sein kann. Nicht nur die Impulsivität spielt dabei eine Rolle, auch die Hyperaktivität, der Tatendrang, kann einen Nutzen haben. Krüger sagt dazu: *„Also ich habe die Erfahrung gemacht, dass man gerade Kinder mit ADHS durch Sonderaufgaben, durch mehr Forderung, total gut ins Boot holen kann [...]. Wenn das eine Selbstversorgerklassenfahrt ist, zum Beispiel Koordination von Küchendienst [...]. Dass die [Kinder mit ADHS] einfach mehr zu tun haben als die Anderen. Und eine wichtige Aufgabe. Dass sie dann einfach dieser Aufgabe [...] viel mehr ihre Energie zuwenden und wesentlich unauffälliger sind. [...] Wenn man denen eine Aufgabe gibt, die vielleicht auch noch gruppendienlich ist, dann hat man die gefordert, eingebunden und die werden unauffällig"* (S. IIIf).

Dieser Eindruck deckt sich mit meiner eigenen Praxiserfahrung: Die überschüssige Energie und der Tatendrang können in

[211]Jagenlauf (1994) zitiert nach Hildmann (2009, S. 84).

sinnvolle Aufgaben kanalisiert werden. So kann aus dem motorisch aktivierten Störenfried in der Schulklasse eine hochmotivierte Unterstützung bei alltäglichen Aufgaben werden. Durch Aufgaben wie Küchendienste, Holz sammeln und hacken oder ein Lagerfeuer am Brennen zu halten, bekommt der problematische Jugendliche die Gelegenheit, sich von einer anderen, positiveren Seite zu zeigen. Krüger ergänzt diesen Gedanken: *„Ich bin gar nicht unbedingt der Meinung, dass man da mehr Zeit für die braucht, sondern die [Kinder mit ADHS] brauchen eine Aufgabe"* (S. IV). Hier ist gedanklich an die vorhergegangene Aussage von Michel anzuknüpfen, der auch schon feststellte, dass ein Perspektivenwechsel viel für die Betroffenen und sein oder ihr Umfeld bewirken kann. Herrmann bringt es passend auf den Punkt: *„Also das wäre sicherlich sehr wichtig für die Kinder, dass die […] einen Raum haben, in dem sie die Möglichkeit haben, sich als positiver Teil der Gruppe wahrzunehmen und als jemand, der was Positives durch seine Person und seine Eigenschaften beiträgt"*(S. V). Die Selbstwahrnehmung des Kindes, die es zu verändern gilt, wird in der Diskussion mehrfach angesprochen. In Kapitel zwei werden bereits die negativen psychologischen Effekte einer medikamentösen Behandlung angesprochen. Dazu gehört auch die Erfahrung, dass die Medikation als Strafe für „schlechtes" Verhalten wahrgenommen wird. In der Schule kommt es zur Sanktionierung des auffälligen Verhaltens durch die Lehrer.

Es muss also ein Raum geschaffen werden, in dem sich auch das Kind mit ADHS selbst als ein Teil der Gruppe fühlt, der etwas Positives beiträgt und nicht nur ein Störfaktor ist. Michel spricht diese Problematik an: *„Und auch die Anderen erleben das Kind anders. Und das gibt dem Kind, das sonst darunter zu leiden hat „irgendwas ist an mir falsch"… Die ganze Welt meldet ihm zurück, „irgendwas ist an dir falsch". Das führt dann natürlich dann auch dazu, dass es [das Kind mit ADHS] sich ein Stück weit gefrustet verhält, vielleicht aber auch den Mittelpunkt spielt. Es kommt zu einer Verhaltensstörung sag ich jetzt mal. Im Miteinander"* (S. III). Herrmann ergänzt zu einem späteren Zeitpunkt: *„Also das wäre sicherlich sehr wichtig für die Kinder, dass die eben nicht nur […] negative Erfahrungen machen und negativ bewertet werden, sondern eben auch einen Raum haben, in dem sie* *die Möglichkeit haben, sich als positiver Teil der Gruppe wahrzunehmen und als jemand, der etwas Positives durch seine Person und seine Eigenschaften beiträgt"* (S. V). Für Kinder mit ADHS kann es sehr belastend sein, wenn sie nur negative Erfahrungen machen.

Ein Beispiel aus meiner beruflichen Praxis beim Jugendamt soll folgen. Zwillinge, zwei Jungen im Alter von sechs Jahren, fallen damit auf, dass sie ungefragt aufstehen, sich auf die Tische stellen, nicht warten können, bis eine Frage fertig gestellt wird. Andererseits melden die Lehrer*innen zurück, dass sie sehr klug seien und die Antworten, die sie geben, seien richtig. Durch die Rückmeldung der Lehrer*innen haben die Kinder beinah ausschließlich negative Erfahrungen gemacht, da ihr Verhalten durchweg als störend wahrgenommen wurde. Solche Kinder könnten sich besser entwickeln, wenn sie innerhalb des schulischen Alltags auch positive Erfahrungen, in Form von sozialer Bestätigung, erleben. Die gleichen Kinder wurden nachmittags von mir auf einem Aktivspielplatz betreut, wo die motorischen Auffälligkeiten sie zu beliebten Spielpartnern auf dem Sportplatz machten.

5.4.3. Nach dem SLH – Transfer in den Alltag

Die anwesenden Erlebnispädagogen und Erlebnispädagoginnen sind sich also einig. Die EP hat eine positive Wirkung auf ihre Nutzer. Das System Klasse kann den Jugendlichen aus einer anderen Perspektive erleben und die Verhaltensweisen des Jugendlichen, die normalerweise sanktioniert werden, können ihre positive Seite entfalten und die Gruppe bereichern. Das Selbstbild der Jugendlichen ändert sich, da sie nicht als unerwünschter Teil der Gruppe gesehen werden, sondern als jemand, der mit dem was er oder sie tut, anderen helfen. Jedenfalls während des SLH und unmittelbar danach. Nach dem Ausbruch aus dem gewohnten Setting, welches ein SLH in der Regel darstellt, kehrt jedoch schnell wieder der schulische Alltag ein und die Verhaltensweisen, die zuvor im Klassenzimmer als störend wahrgenommen wurden, werden wieder zum Ärgernis für Lehrer*in und Klassenkameraden und Klassenkameradinnen. Wie kann also ein Transfer der neu erlernten Verhaltensmuster beziehungsweise der neu verinnerlichten positiven Selbstwahrnehmung und ein Rückfall in die alte Klassendynamik verhindert werden? In der EP wird viel Wert auf eine gute Reflexion gelegt, um das Erlebnis im Bewusstsein der Teilnehmenden zu verankern. Dieser erste Transfer in den schulischen Alltag hinein geschieht unmittelbar nach dem stattfindenden Programm. Dafür können verschiedene Reflexionsmodelle verwendet werden, die in Kapitel 4.2. bereits vorgestellt wurden. Je nach Gruppengröße, Zielsetzung des Programms und kognitiven Kapazitäten der Teilnehmenden, bieten sich einige Reflexionsmodelle mehr oder weniger an. Die verschiedenen Techniken sollen es den Teilnehmenden ermöglichen, die im Programm genutzten Problemlöseansätze und die dafür notwendigen Fähigkeiten auch im persönlichen und schulischen Alltag erfolgreich einzusetzen.

Auch wenn die Reflexionstechniken es den Teilnehmenden ermöglichen, sich kritisch mit ihnen selbst zu beschäftigen, wird nur der erste Wirkimpuls des Erlebnisses genutzt. Um langfristige Veränderungen, vor allem bei Kindern mit ADHS, bei denen es noch stärker negativ auffällt, wenn sie in alte Verhaltensmuster zurückfallen, muss eine gewisse Kontinuität gegeben sein. Auch bei Michls formulierten, in Kapitel 4.2. beschriebenen Transferideen wird wieder die personelle Komponente deutlich – Transferleistungen und Reflexionen außerhalb des SLH-Settings müssen begleitet werden.

Die Diskussionsteilnehmenden sehen hier die Schulen in der Verantwortung. Alternativ gibt es noch die Jugendarbeit, die aber einen großen Nachteil gegenüber der Schule hat. Die Problematik mit der offenen Kinder- und Jugendarbeit liegt in der „Komm-Struktur", die bei Jugendhäusern und Jugendzentren weiterhin eine Rolle spielt. Herrmann formuliert: *„Wenn die halt zuhause sitzen bleiben am PC […], dann bleiben sie halt in der Erfahrungswelt, die sie kennen, dann erweitert sich das nicht unbedingt. Und in der Schule, das sind nun mal die Orte, da müssen sie ja alle irgendwann mal vorbeikommen"* (S. XVI). Herrmanns Aussage bestätigt meinen Eindruck von diesem Tätigkeitsfeld der Sozialen Arbeit. Ich habe auf einem Aktivspielplatz gearbeitet, der zwar ein breites Angebot für Kinder und Jugendliche bieten konnte, dem es aber trotzdem an Besuchern fehlte. Die Schule wird häufig bis in die Nachmittagsstunden besucht, es werden danach noch Sportvereine oder außerschulische Kurse besucht. Da bleibt der Spielraum, in dem die Einrichtungen der offenen Kinder- und Jugendhilfe besucht werden können, eher gering. So leiden diese Einrichtungen daran, dass Projekte in die Wege geleitet werden, die nach kurzer Zeit wieder aufgegeben werden, da die Kinder ab einem bestimmten Zeitpunkt einfach nicht mehr auftauchen. Durch die sehr offene und unverbindliche Struktur ist ein Kontaktaufbau meistens nicht realisierbar. In welchem Rahmen haben dann die Kinder und Jugendlichen, die ein SLH besucht haben die Möglichkeit, die neu erlernte Selbstwahrnehmung und alternative Verhaltensmuster zu manifestieren?

5.4.4. Schulen in der Verantwortung und Sport

Abgesehen von Kindern und Jugendlichen, die den Unterricht schwänzen oder von der Schule verwiesen werden, stellt die Schule am Ende die einzige Institution dar, die Kinder und Jugendliche regelmäßig aufsuchen müssen. Es macht also Sinn, hier erlebnispädagogische Elemente zu etablieren und in den schulischen Alltag zu integrieren. Aus der Diskussion gingen verschiedene Ideen dafür hervor. Michel stellt fest, dass man *„schlichtweg darauf angewiesen [ist], kontinuierlich diesen Wirkimpuls, den man am Anfang mal gibt [beim erlebnispädagogischen SLH], kontinuierlich weiter zu fördern. Regelmäßig, im Fortlauf des Schuljahres"* (S. VII). Die veränderte Dynamik, die aus dem SLH resultiert und der „Wirkimpuls", den das Kind erfährt, müssen also in den schulischen Alltag übernommen werden. Man müsse die Kinder fordern, das Fordern wiederum muss allerdings einen Handlungsbezug haben: *„Das darf nichts mit schulischen Aufgaben zu tun haben wie lesen, rechnen, schreiben oder sonst was, sondern das muss eine Aufgabe sein, die im Handeln zu erledigen ist. Und dann ist das auch wieder handlungsorientiert, dann ist es wieder Erlebnispädagogik"* (S. VI), formuliert Michel. Aber wie können solche handlungsorientierten Aktivitäten in den Schulalltag integriert werden? Beils ist der Meinung, dass vor allem die sportliche Komponente, welche wie oben bereits dargelegt, sehr positive Effekte mit sich zieht, im Schullalltag ihren Platz finden kann: *„Ich glaube, dass gerade der Bewegungsaspekt relativ einfach in den Schulalltag zu integrieren ist. Das muss der Lehrer aber gemerkt haben, dass Bewegung guttut, dem einen Schüler [mit ADHS], beziehungsweise wahrscheinlich allen Schülern"* (S. IX). Aus ihrer Praxis berichtet sie, dass sie bisher nur von guten Erfahrungen mit Sport in der Schule gehört habe. Dies könne in simplen Aktivitäten geschehen, wie zum Beispiel die Kinder vor der Unterrichtsstunde *„einmal über den Schulhof rennen [zu] lassen"* (S.IX). Hier sei auf die hessische Schule (siehe Kapitel 4.3.1.) hingewiesen, die den Sport in den schulischen Alltag integriert hat und als Folge weniger Konflikte und eine höhere Empfehlungsrate für das Abitur erlangte. Zu den sportlich gestalteten Elementen weist Michel darauf hin, dass *„das dann kein Sporttrainer machen [sollte], sondern ein Pädagoge. Um auch für sich [für das Kind] und den Alltag Schlüsse ziehen zu können"* (S. VI). Krüger berichtet: *„Sonst hatte ich einmal einen Fall in einer Sportferienfreizeit. Von einem Jungen, der angeblich ADHS hat. Ist da natürlich nicht aufgefallen, weil wir einfach sechs Stunden am Tag Badminton-Training hatten. Da kann man auch den mal so plattmachen, dass er dabei ist, ruhig ist und sich seinen Aufgaben stellt und nicht auffällig wird"* (S. IV).

5.4.5. Dienst am Nächsten und Übernahme von Verantwortung

Im Kontext zu Kurt Hahn wurde die Frage gestellt, warum der „Dienst am Nächsten" nicht mehr die Präsenz in den EP-Programmen besitzt, wie sich Hahn früher gewünscht hätte. Wie zuvor in Kapitel 3.4. erwähnt, war das die Komponente der Erlebnistherapie, auf die er am meisten Wert legte. Diese ist heute zunehmend dezentralisiert und findet sich in Form von Vereinen wieder. Dies können der DLRG, die Bergrettung, das THW oder das DRK sein. Diese Vereine bieten eine gute Möglichkeit, anderen Menschen zu helfen. Aber auch hier stellt sich eine ähnliche Problematik ein, wie auch bei den Jugendzentren. Die Jugendlichen müssen eben von selbst kommen. Aber auch in Vereinen wiederholt sich das Problem aus dem Klassenzimmer. Krüger führt aus: *„Ich sehe es zum Beispiel aber auch so, dass viele Vereine gar* *nicht die Übungsleiter haben, die dann die Nerven haben, sich mit einem ADHS-Kind so auseinander zu setzen, dass das dann eben da zielführend ist und gut aufgenommen ist"* (S. XIV). Das Leiden der Kinder, wie sie es aus dem schulischen Alltag im Klassenzimmer kennen, wiederholt sich im schlimmsten Fall, nur eben an einem anderen Ort. Die Vereine und die offene Kinder- und Jugendarbeit leiden also darunter, dass sie von den betroffenen Kindern und Jugendlichen nicht ausreichend aufgesucht werden oder die pädagogische Kompetenz für den Umgang mit „Problemkindern" nicht ausreicht.

Das Kernelement von solchen Rettungsdiensten und ehrenamtlichen Aktivitäten stellt in der Regel das Übernehmen von Verantwortung dar. Hier sei auf die in Kapitel 4.1. genannte Definition von Hufenus verwiesen, die mit dem „Ernstcharakter" genau die aus der Ernsthaftigkeit entstehende Verantwortung anspricht. Auch ohne die Übernahme von Rettungen kann in EP-Programmen Verantwortung an die Teilnehmenden übertragen werden. Herrmann führt den Gedanken der Verantwortung in einem sportlichen Beispiel aus: *„Ich seh' da zum Beispiel auch ganz klar das Klettern. Also einfach auch andere Elemente, in denen Verantwortung übernommen werden muss. Ich hab' die Erfahrung gemacht, […] wenn es quasi greifbar ist, warum es wichtig ist, da jetzt dabei zu bleiben, [es] dann auch den Kindern [mit ADHS] sehr viel leichter fällt. Also nicht perfekt […], aber dafür ist man [als Trainer*in] ja auch da. Aber das es halt leichter wird, wenn klar ist ‚okay, ich hab' da jetzt eine wichtige Aufgabe und wenn ich mich da einbringe, dann ist es gut für mich und gut für alle Anderen.' Also ein gegenseitiges Verantwortung übernehmen"* (S. XII). Michel ergänzt zum Klettern: *„Aber wir haben genug Situationen… eigentlich kein Element [des Teamhochseilgartens] kann alleine geklettert werden, man braucht immer die Unterstützung und man muss den Anderen immer unterstützen. Also wir können es in den Dingen wirklich schon darstellen"* (S. XIIIf).

Auch in meiner Erfahrung als Erlebnispädagoge erlebe ich immer wieder, dass die Gruppe komplett anders mit einer Aufgabe umgeht, wenn sie wissen, dass sie die Verantwortung für das Gelingen haben. So können kleine Expeditionen, in denen der Trainer oder die Trainerin nur in Notfällen interveniert und die

Gruppe sich selbst in der Natur zurechtfinden muss, einen guten Eindruck von der Verantwortung, die der oder die Einzelne innehat, geben. Dabei sind die einzelnen Teilnehmenden nicht nur für sich selbst, sondern auch für das Wohlergehen der Gruppe verantwortlich. Auch Kurt Hahn legte bereits Wert darauf, seinen Schülern und Schülerinnen Verantwortung zu übertragen. So übernahmen die Schüler und Schülerinnen Aufgaben im Schulsystem, die so wichtig waren, dass das Schulsystem zusammengebrochen wäre, würden sie nicht sorgfältig ausgeführt werden. In der erlebnispädagogischen Praxis findet sich also der Dienst am Nächsten wieder, wenn auch sehr niedrig schwellig. Eine Beteiligung in einem der zuvor genannten Vereine würde es ermöglichen, das Übernehmen von Verantwortung fester in den Alltag zu integrieren. Damit dies geschehen kann, müssen die Gruppenleiter bei den Vereinen allerdings über genug pädagogische Kompetenz verfügen, damit nicht die gleiche Ablehnung, die schon in der Schule erfahren wird, im Verein weiter erlebt wird.

5.4.6. Umgang mit Ritalin

Einig ist sich die Diskussionsrunde bei dem Einsatz von Medikamenten. EP könne einen Teil einer multimodalen Behandlung der ADHS darstellen. Trotzdem sei es unrealistisch, innerhalb von drei bis fünf Tagen, der Dauer eines SLH, eine Heilung zu bewirken, vor allem, wenn der gegebene „Wirkimpuls" nicht weiter ausgebaut wird. Vergleicht man EP mit anderen Behandlungsmethoden wie dem Neurofeedback, welches sich über einen Zeitraum von mehreren Monaten zieht oder eben der medikamentösen Behandlung, die sich bis ins Erwachsenenalter ziehen kann, wird deutlich, dass drei bis fünf Tage an Programm zwar positive Auswirkungen haben, aber kaum eine vollständige Einstellung der Symptome mit sich bringen können. Herrmann fasst zusammen: *„Und ich glaube auch, dass es nicht von heute auf morgen irgendwie total der Ersatz für eine medikamentöse Behandlung sein kann, erlebnispädagogisch zu arbeiten"* (S. XII).

Herrmann betrachtet die Kinder und Jugendlichen mit ADHS wie in Kapitel 5.4.1. gezeigt, eher systemisch. So seien die

Schüler immer Teil eines Systems, so zum Beispiel Schulklasse oder Familie. In den unterschiedlichen Systemen werden unterschiedliche Erwartungen an die Kinder und Jugendlichen gestellt. Eine Medikation kann durchaus dabei helfen, den Leidensdruck des Kindes zu vermindern: Wie Herrmann bereits in Kapitel 5.4.1. aufgezeigt, ist es laut Herrmann wichtig, dass die Kinder in ihren Systemen funktionieren, da sie sonst unter starken Druck stehen. Hermann ergänzt: "*[…] Also da sehe ich einen Vorteil der Medikamente, dass die in der Situation selbst erst mal auch den Druck nehmen können, weil es dem Kind einfach leichter fällt, da nicht die ganze Zeit in einem System, in dem es unterwegs ist anzuecken. Einfach als quasi Soforthilfe*" (S. XII). Hier sei an die Aussage der deutschen Ärztekammer angeknüpft, welche besagt, dass es durchaus möglich ist, außerhalb von „kritischen Tagesanforderungen"[212], also in Ferien oder an Wochenenden, eine Medikation abzusetzen. Dies untermauert auch das Experiment von Fleishman und Kaliski (2017), welches in Kapitel 2.5.2. bereits vorgestellt wurde. Solch reflektierte Verhaltensweisen können von einem Kind im Alter von 6-13 Jahren jedoch in der Regel nicht erwartet werden. In diesem Alter liegt hier die Verantwortung eher bei den Eltern, die die Art der Medikation und deren Einnahme erheblich beeinflussen. Herrmann spricht sich selber eigentlich gegen eine Medikation aus, stellt aber auch fest, dass „*wenn ich keinen direkten Einfluss habe […] auf die Rahmenbedingungen […], dann finde ich, muss ich zumindest die Möglichkeit irgendwie geben, über einen gewissen Zeitraum […], das vielleicht mit den ‚Medis' irgendwie zu erleichtern*" (S. XIII).

Eine Behandlung der Kinder und Jugendlichen mit ADHS mit Ritalin wird kritisch, aber auch als sinnvoll betrachtet. EP kann in dem kurzen Zeitraum keinen Ersatz für eine medikamentöse Behandlung darstellen. Allerdings kann EP eine wichtige Rolle bei einer multimodalen Behandlung - zusätzlich zu einem Medikament - genutzt werden und so einerseits den erhöhten Fokus durch das Medikament nutzen, damit eben die Reflexionen vom Klienten mit ADHS aktiver aufgenommen werden können. Sowohl Krüger, als auch Michel sind der Meinung, dass bei langfris-

---

212 Remschmidt (2005, S. 28).

tiger Integration von EP in den Alltag und mehr Kommunikation mit den Kindern als auch den Eltern über die Krankheit ein längerfristiger Verzicht auf Ritalin ermöglich werden könnte.

5.4.7. Aufgaben der Schulsozialarbeit und Lehrer*innen, Kontinuität

Die Fokusgruppendiskussion läuft also darauf hinaus, dass erlebnispädagogische Elemente, um dauerhafte Effekte zu erreichen, auch nach einem SLH weiter angewandt und praktiziert werden müssen. Das einzige realistische Szenario ist dabei eine Integration in den schulischen Alltag. Diese Implementierung ist möglich, setzt aber die Motivation und das Engagement der Lehrkräfte voraus. Beils zeigt auf, dass vor allem junge Lehrer*innen, Referendare und Referendarinnen, neue Lernmethoden zu etablieren versuchen. Die Teilnehmenden stellen auch fest, dass die Förderung von einzelnen Kindern bei großen Schulklassen oft in den Hintergrund rückt, ganz einfach aus dem Grund, dass die Lehrer*innen keine Zeit und Nervenhaben, sich neben den anderen Schülern intensiv mit einem „Problemkind" auseinander zu setzen: *„Wenn du diese menschliche Betreuung hast, also diesen Betreuungsschlüssel eins zu […] 23. Davon elf verhaltensauffällige Kinder, dann weißt du, dass du da keine Chance hast als einzelner Lehrer"* (S. XX), mein Krüger. Michel stellt fest, dass das Problem in der personellen Ausstattung liegt: *„Man muss bei den Lehrern auch irgendwie die Kirche im Dorf lassen, die machen sowieso schon eine viel härtere Arbeit, als unsere Gesellschaft denkt und man [kann] es ihnen manchmal nicht verübeln, wenn sie mit dem einen Jugendlichen nicht klarkommen. Das ist, find' ich einfach schlicht und weg eine Frage der personellen Ausstattung"* (S. XVIII). Die Lösung für eben genau diese Problematik könnte die Schulsozialarbeit darstellen. Schulsozialarbeiter*innen stehen nicht in der Verantwortung, dass sie den Schülern und Schülerinnen Lernstoff vermitteln müssen und haben eine andere Rolle gegenüber den Schülern und Schülerinnen als die Lehrer*innen. Hier könnten die AGs, die Arbeitsgemeinschaften, eine Rolle spielen. Würde der Fokus in der immer präsenteren Nachmittagsbetreuung sich von einem rein lehrplanorientierten Programm, wie einer Hausaufgabenbetreuung dahin entwickeln, dass zumindest nachmittags mehr Wert auf pädagogische und handlungsorientierte Programme liegt, könnte viel erreicht werden.

An der Fachhochschule Würzburg-Schweinfurt gab es einen Kurs zu Kurt Hahns Erlebnistherapie nach Kapitel 3.4. Die Studenten und Studentinnen versuchten in dem Seminar, gegen die vier zivilisatorischen Verfallserscheinungen vorzugehen. Jeder der Studenten und Studentinnen setzte sich persönliche Ziele im Bereich Sport, nahm sich vor, etwas musisch-kreatives zu erlernen und engagierte sich ehrenamtlich. Den Abschluss der Aktion bildete eine mehrtägige Expedition durch die Rhön, die von der Gruppe geplant und durchgeführt wurde. Der Fortschritt wurde durch ein Tagebuch festgehalten, das jeder Teilnehmende selbst führte. Das Seminar ist mit Studenten und Studentinnen als Klientel auf selbstständigeres arbeiten als in einer Grundschule oder einer weiterführenden Schule ausgelegt. Trotzdem bietet das Format eine Möglichkeit, um mit einem geringen zeitlichen Aufwand eine längerfristige, dokumentierte Veränderung in die Wege zu leiten. Die Expedition ist etwas schwieriger in einer Nachmittagsbetreuung zu integrieren, wie die anderen Elemente der Erlebnistherapie, muss aber auch nicht in einem mehrtägigen Format stattfinden. Für die verschiedenen musisch-kreativen und sportlichen Ziele können die Schulsozialarbeiter*innen, die sich um die Nachmittagsbetreuung kümmern, Hilfestellungen geben. So könnten die Schüler*innen ihre privaten Interessen und Fähigkeiten mit dem schulischen Alltag in Verbindung bringen, was es auch ermöglichen könnte, dass die Schule nicht nur als negativer Ort, wo nur das Lernen im Vordergrund steht, wahrgenommen wird.

Beils ist der Meinung, *„dass es schwer ist, in der Schule ein anderes Setting zu setzen als eben das von Schule. Eben auch weil die räumlichen Gegebenheiten für die Kinder das Ganze auch suggerieren: Schule. Ich muss jetzt hier stillsitzen und zuhören“* (S. XVI). Beils spricht einen wichtigen Punkt an. Doch durch die bereits erwähnte Komm-Struktur der offenen Kinder- und Jugendhilfe bietet diese hier eine angenehme Möglichkeit, um anzuknüpfen. In meiner Erfahrung auf dem Aktivspielplatz nutzten Gesamtschullehrer*innen das Angebot des Aktivspielplatzes in der langen Mittagspause, um den Jugendlichen sportliche Aktivitäten zu ermöglichen. Für die Nachmittagsbetreuung wurde der Aktivspielplatz allerdings nicht genutzt. Doch die notwendige Grundlage, um das räumliche Schul-Setting zu verlassen und trotzdem eine Betreuung durch einen Lehrer oder eine Lehrerin zu ermöglichen, wurde gegeben.

Nach intensiven Erlebnissen und Momenten, wie sie beim Klettern oder bei gruppendynamischen Übungen entstehen können, haben die Jugendlichen oft viel Redebedarf. Aus meiner beruflichen Erfahrung kann ich berichten, dass Jugendliche gerne in einer Abschlussrunde verbalisieren, „dass ich mich öfters mal trauen sollte, neue Sachen auszuprobieren" oder „dass ich mehr kann, als ich eigentlich von mir dachte." Diesen Höhenflug der Teilnehmenden gilt es zu nutzen, damit diese Einstellung auch ihren Weg in den Alltag findet. Herrmann, Krüger und Michel sind sich einig, dass es wichtig ist, dass die Erfolge eine *„kontinuierliche Erfahrung"* (Herrmann, S. VII) sind und sich die *„Klasse und die Lehrerin sich daran erinnern und das weiter fördern [sollen]"* (Krüger, S. VIII). Das Erlebte sollen die Klassen *„im Alltag sich immer wieder in Erinnerung rufen"* (Michel, S. VIII). Wie oben bereits genannt, kann ein (Lern-)Tagebuch geführt werden, in dem persönliche Fortschritte und Lernziele dokumentiert und kommentiert werden. Das Tagebuch kann von Teilnehmenden, Trainer*innen und später in der Schule eventuell von Lehrer*innen unterschrieben werden und dem Ganzen somit eine gewisse Ernsthaftigkeit verleihen. So wird der persönliche Fortschritt festgehalten und von einer Bezugsperson validiert.

Auch hier kann man erneut an die Schulsozialarbeit appellieren. Hier soll ein kurzer Erfahrungsbericht folgen: Ein SLH im Pfälzer Wald wurde neben zwei Lehrern von einer Schulsozialarbeiterin begleitet, die eigentlich für die Betreuung von einem der Kinder zuständig war, welches wiederholt Morddrohungen gegenüber seinem Klassenkameraden ausgesprochen hatte. In der kurzen Zeit von fünf Tagen wurde die Schulsozialarbeiterin in der Gemeinschaft aufgenommen und konnte so mit den einzelnen Kindern in den Dialog treten. Dabei ist immer wieder wichtig, dass die Person sich nicht in der Rolle des Lehrers oder der Lehrerin, sondern der eines Begleiters befindet. Am Ende der Woche offenbarte die SSA, dass sie viele private Gespräche mit Kindern führen konnte und so einen Einblick auf schwierige Familiensituationen oder persönliche Probleme erlangen konnte. Hier könnte man anknüpfen und die Aufgabe des Transfers in die Hand der Schulsozialarbeit legen. Durch eine Absprache zwischen den Erlebnispädagogen und Erlebnispädagoginnen und den Schulsozialarbeiter*innen könnten die in 4.2. genannten langfristigen Reflexionstechniken nach Michl ihre Anwendung finden.

Praxiserfahrung

In meiner beruflichen Praxis als Erlebnispädagoge stehe ich auch regelmäßig in Kontakt mit Kindern und Jugendlichen mit ADHS. Die Vermutung der Diagnose zeigt sich sehr schnell an den oft auffälligen Verhaltensweisen, welche sich in den zuvor geklärten Symptomen manifestieren. Im Dialog mit den Lehrern und Lehrerinnen wird dann die Vermutung in der Regel bestätigt. Allerdings fallen Kinder und Jugendliche mit ADHS bei erlebnispädagogischen Ausflügen nicht durchweg negativ auf. Die oft sehr kurze Aufmerksamkeitsspanne ist auch außerhalb der Schule und vor allem bei Aufgaben, die einfach dauerhafte Aufmerksamkeit eher ein Hindernis. Der unglaubliche Tatendrang, die Hyperaktivität, die im Klassenzimmer durch übermäßige Bewegung, das Aufsteigen auf Tische oder ähnliche Verhaltensweisen manifestiert wird, kann im beruflichen Alltag als EP aber effektiv genutzt werden.

Ein Erfahrungsbericht: Vor kurzem begleitete ich als Erlebnispädagoge eine Klassenfahrt einer 5ten Klasse. Eines der Kinder, nennen wir ihn Theo hatte ADHS. Das wurde bereits im Laufe des ersten Tages für das Trainer*innen-Team deutlich. Durch sein häufig impulsives und direktes Verhalten hatte das Kind keine besonders gute Stellung in der Klasse. Aber wie kaum ein anderer nutzte er das Angebot in der Natur und blühte darin auf. Bereits kurz nach der Ankunft baute Theo in seiner freien Zeit ein Tipi aus den Materialien, die er im Wald gefunden hatte. Abends ging er dem Trainer*innen-Team bei der Arbeit am Lagerfeuer zur

Hand. Hochmotiviert sammelte er Totholz aus dem Wald und motivierte sogar andere Klassenkameraden, das Holz mit ihm zu zersägen und zu spalten. Auch für Dienste in der Küche meldete er sich freiwillig. Er sang und tanze dabei und war er eine große Hilfe in der Küche. Nicht nur in dem Sinne, dass er sinnvoll seine Aufgaben verrichtete und immer nachfragte, wo er denn helfen könnte, sondern auch damit, dass er durch die aufgedrehte, lockere Art eine gut gelaunte Arbeitsatmosphäre ermöglichte. Das Kind nahm nach eigener Aussage morgens Ritalin. Da die nicht-retardierten Pillen mit einer Wirkdauer von nur knapp vier Stunden genutzt wurden, konnte man beobachten, wie das Kind sich aus einem eher agitierten, stillen Zustand am Morgen hin zu einer „Energiebombe" am Nachmittag entwickelte. Wir, als Trainer*innen, machten ihn auf sein impulsives Verhalten aufmerksam. Das geschah nur dann, wenn die Energie „auszuufern" drohte und er zum Beispiel gefährlich nah ans Feuer heranging und dadurch sich selbst oder andere Schüler gefährdete. Wurde er zurechtgewiesen, nahm Theo es den Trainer*innen nicht übel. Für sein junges Alter ging das Kind erstaunlich reflektiert mit seinem Verhalten um. Trotzdem muss man auch hier wieder die Frage stellen, inwiefern sich das Verhalten langfristig gebessert hat und ob ein Transfer der positiven Verhaltensmuster in den schulischen Alltag umgesetzt wurde. Aber da ich selbst dabei war, kann ich auf jeden Fall sagen, dass die Woche in der Natur dafür gesorgt hat, dass die Lehrer Theo von nun an in einem positiveren Licht betrachten und ihn weniger als Störfaktor sehen.

Dieses Praxisbeispiel zeigt auf, wie das störende Kind dadurch, dass seine Energie auf nützliche Aufgaben konzentriert wurde und er so zu einem wichtigen Teil der Gruppe wurde, am Ende der Woche einen anderen Stand im System Klasse einnimmt, wie noch zu Beginn. Ihm wurden positive Selbsterfahrungen ermöglicht, wodurch Lehrer*innen und andere Klassenkameraden bzw. Klassenkameradinnen ihn in einem anderen Licht erblicken konnten und wodurch er sich selbst nicht als negatives Glied in der Gruppe wahrnimmt, welches für sein Verhalten ständig sanktioniert wird. Für ein langfristiges Bestehen der neuen Dynamik müsste allerdings auch im schulischen Alltag für das Kind der

Raum geschaffen werden, damit er nicht unmittelbar wieder nur negative Erfahrungen mit seiner Erkrankung macht.

In ihrer Inaugural-Dissertation setzt sich Jule Hildmann (2009) mit EP im Schulunterricht auseinander. Sie stellt den aktuellen Stand der Schulen in einer Metapher dar:

> „Schule als Institution ist wie ein Schiff, dessen Material seit Jahren völlig marode ist. Die Außenwände sind rostig und haben bereits Löcher, die Kabinen und Mannschaftsräume sind uralt, dunkel und jedes Möbelstück scheint aus dem letzten Jahrtausend zu stammen. Niemand hält sich gerne in ihnen auf. Die Mannschaft bekommt in einer solch hohen Geschwindigkeit neue Kursvorgaben und Steuerungstechniken vorgesetzt, dass sie selbst beim besten Willen nicht nachkommen kann, sich effektiv einzuarbeiten bevor der nächste Wechsel ansteht. Sogar hochmotivierte Matrosen werden dadurch schnell frustriert."[213]

Sie stellt ein Konzept zur Revolutionierung des Schulunterrichts vor. Den „erlebnispädagogischen Unterrichtsansatz eUA". In diesem sollen Sach- und Fachkompetenzen, wie man sie aus Schulen kennt, ebenso gefördert werden wie Sozial- und Personalkompetenzen. Hildmann führt aus:

> „Mal steht dabei das eine im Vordergrund, mal das andere, oftmals laufen Prozesse interaktiv oder parallel ab. Wie bei einem hin und her schwingenden Pendel wird auf diese Weise eine flexible Balance erreicht, die sich langsam auf ein immer höheres Kompetenzniveau schraubt."[214]

Hildmann will nicht den Unterricht mit EP ersetzen, sondern EP im Unterricht einsetzen. Kooperation soll durch vermehrte Gruppenaufträge stattfinden und den Schülern und Schülerinnen soll mehr Spielraum bei den Lösungen gegeben werden. Sie greift das bereits vorgestellte Challange-by-Choice Prinzip auf und dass man es auch bei Schulaufgaben umsetzen sollte, ohne aber die Option der kompletten Teilnahmslosigkeit zu ermöglichen[215]. Hildmann (2009) stellt ein vielversprechendes Konzept dar, was leider an einem alten Problem scheitert.

---

[213] Hildmann (2009, S. 70).

[214] Hildmann (2009, S. 73).

[215] Hildmann (2009, S. 75f).

Das Schulsystem leidet nach wie vor an dem Reformstau, den auch schon die Reformpädagogen (siehe Kapitel 3.2.) bemängelten. Die Verantwortung für einen positiven Krankheitsverlauf bei einer ADHS liegt am Ende in den Händen der Eltern. Da das Verhalten aber besonders im schulischen Alltag auffällt und Kinder und Jugendliche dort viel Zeit verbringen, ist es die Aufgabe der Schulen, auch solchen Kindern Erfolgserlebnisse und eine aktive Auseinandersetzung mit der ADHS zu ermöglichen.

6. Fazit – Möglichkeiten und Grenzen der Erlebnispädagogik bei Kindern und Jugendlichen mit ADHS

Im Fokus dieser Arbeit stand die Frage, welche Möglichkeiten die Erlebnispädagogik bei der Arbeit mit Kindern und Jugendlichen mit ADHS bietet und wo ihre Grenzen liegen. Nachdem die Wirkungsweisen und Vorteile geklärt waren, wurde die EP mit ihren Limitationen konfrontiert. Dabei stand vor allem die Frage im Raum, wie ein dauerhafter Transfer von erlernten Verhaltensmustern aus der EP in den schulischen und privaten Alltag von Kindern und Jugendlichen mit ADHS ermöglicht werden kann. .

Als einer der Wirkfaktoren der EP (im Blick auf ADHS) hat sich der Perspektivenwechsel innerhalb des Systems Schule bzw. Schulklasse feststellen lassen. Durch handlungsorientierte, aktivere Aufgaben als im schulischen Alltag, wirken die sonst negativ konnotierten Verhaltensweisen von Kindern und Jugendlichen mit ADHS sich nicht negativ, sondern tendenziell positiv auf das Klassengefüge aus. Diese positive Selbsterfahrung und der veränderte Blick auf das betroffene Kind müssen allerdings ihren Transfer in den Alltag finden, damit von einer langfristigen Wirkung zu sprechen ist. Im schulischen Alltag muss also ein Raum geschaffen werden, bei dem auch Kinder aus sozioökonomisch schwächeren Familien die Möglichkeit bekommen, sich selbst positiv zu erfahren. Es gibt bereits Konzepte wie den erlebnispädagogischen Unterrichtsansatz, die eine komplette Reform des schulischen Alltags vorsieht. Realistisch gesehen muss jedoch auf einer Ebene angesetzt werden, die nicht erst eine Schulreform mit sich zieht. Dies muss nicht direkt im Unterricht stattfinden, sondern könnte in anderen Zeitfenstern geschehen. So könnte die Zukunft in Arbeitsgemeinschaften oder weniger hausaufgabenorientierten Nachmittagsbetreuungen liegen. Auch kleine sportliche Interventionen könnten den Schulalltag auflockern und es Kindern und Jugendlichen mit ADHS ermöglichen, hier ihre Hyperaktivität auszuleben. Dabei ist pädagogische Begleitung eine Voraussetzung für den Erfolg der Interventionen. Die Verantwortung muss dabei allerdings nicht bei den Lehrern und Lehrerinnen liegen, deren Hauptaufgabe immer noch die Bildung und nicht das pädagogische Arbeiten ist. Stellen für Schulsozialarbeiter müssten öfters beantragt und öfters genehmigt werden. Durch die zusätzlichen Stellen können Angebote, die sich vom theoretischen Lernen distanzieren und einem handlungsorientierten Lernen annähern geplant, umgesetzt und vor allem angemessen betreut werden. Die zuvor erklärten Transfer- und Reflexionsmethoden könnten durch die Hilfe der Schulsozialarbeit ihren Weg aus dem SLH-Setting hinaus in den schulischen Alltag finden. So kann eine langfristige, reflektierte Dokumentation von neu erlernten Verhaltensmustern und dem angemessenen Umgang mit Impulsivität, Hyperaktivität und Unaufmerksamkeit in Zusammenarbeit mit den betroffenen Kindern und Jugendlichen in die Wege geleitet werden. Wenn dieser zusätzliche, neu geschaffene Spielraum genutzt wird, um handlungsorientierte, gruppendynamische und erlebnispädagogische Programme näher an das System Klasse, aber auch die einzelnen Schüler zu bringen, kann ein langfristiger Transfer der neu erlernten Verhaltensmuster von Kindern und Jugendlichen mit ADHS in den schulischen Alltag unterstützt werden.

Mit dem zunehmenden Wachstum von urbanen Regionen stellt auch die CityBound-Bewegung ein vielversprechendes Konzept dar, da hier nur kleine Distanzen zurückgelegt werden müssen und die Jugendlichen in ihrer eigenen Lebensrealität angesprochen werden. Wenn Programme im unmittelbaren Umfeld der Jugendlichen angesetzt werden, wird eine langfristigere Begleitung der Entwicklung durch vor Ort ansässige Erlebnispädagogen und Erlebnispädagoginnen erleichtert, da kleine Distanzen zu bewältigen sind. Andererseits steht dieses Setting in der Gefahr, dass gerade durch das Handeln in der Lebensrealität der Betroffenen die Veränderungen nicht so stark sind, wie in einem komplett neuen Setting, da schneller in gewohnte Verhaltensmuster zurückgefallen wird.

Es muss an die Kultusministerien appelliert werden, denn nur auf dieser Ebene ist eine langfristige Umgestaltung des schulischen Alltags wirklich möglich, damit hier aber wirklich etwas erreicht wird kann eben vor allem durch niedrigschwellige Angebote der Schulsozialarbeit die Wirkung von erlebnispädagogischen Elementen erprobt und belegt werden.

Die Privatschulen und Internate von Kurt Hahn bieten den stärksten Zugang zur EP in seiner ursprünglichen Form. Zuvor wurde allerdings festgestellt, dass ADHS vermehrt in sozioökonomisch schwachen Familien auftaucht. Die Kosten für ein Schul- und Internatsjahr auf Schloss Salem liegen bei 3.570€ pro Monat. Wie auch zu Kurt Hahns Zeiten soll mit Stipendien auch *„begabten Kindern aus weniger vermögenden Verhältnissen"*[216] das Lernen an der Schule ermöglicht werden. Wenn ein Stipendium genehmigt wird, senken sich die Kosten um 500€ pro Monat[217]. In der Realität verfügt allerdings keine Familie, die aus sozioökonomisch schwachen Verhältnissen kommt, annähernd genug, um ihren Kindern solch eine teure Ausbildung zu ermöglichen. So scheitert Kurt Hahns Idee von einer ganzheitlichen Erziehung am Ende an ihren Kosten und der daraus entstehende Exklusivität.

Unabhängig von der Schule und dem erlebnispädagogischen Setting ist nicht davon auszugehen, dass die Anzahl an ADHS-Diagnosen und Methylphenidat-Verschreibungen, trotz Warnungen von mehreren Instituten, in den kommenden Jahren zurückgeht. Auch hier muss wieder an die Medizin, aber auch an Lehrer und Eltern appelliert werden. Eine schwerwiegende Diagnose wie ADHS darf nicht leichtfertig vergeben werden. Was für das Umfeld des Betroffenen einen angenehmeren Alltag bedeutet, endet für den Betroffenen oder die Betroffene in jahrelangem Medikamentenkonsum, daraus resultierenden Langzeitschäden und dem psychologischem Bewusstsein, dass etwas mit ihm oder ihr nicht in Ordnung ist. Die Krankheit, die viele der Betroffenen als Teil ihrer Persönlichkeit sehen, wird lieber pharmazeutisch behandelt, als dass sich wirklich damit auseinandergesetzt wird. Man kann

[216]Schloss Salem (2020b, S. 1).

[217]Schloss Salem (2020a, S. 1).

dementsprechend hoffen, dass nicht nur die EP als Ergänzung oder Alternative zu einer medikamentösen Behandlung in den kommenden Jahren mehr Zustimmung genießt, sondern auch, dass andere Alternativen wie die Familientherapie und das Neurofeedback mehr genutzt und vor allem weiter erforscht werden. So könnten die Alternativen zur medikamentösen Behandlung weiter an Präsenz gewinnen und langfristig gesehen hoffentlich Methylphenidat als populärste Behandlung ablösen.

Trotz des etwas pessimistischen Ausblicks soll zum Abschluss noch einmal an die praktizierenden Erlebnispädagogen appelliert werden. In dem Rahmen, in dem EP stattfindet ist es in der Regel nur schwer möglich, nach den SLHs noch größeren Kontakt zu den Schulklassen zu haben. Die Woche, in der man intensiv mit den Kindern und Jugendlichen arbeitet sollte genutzt werden, um die Betroffenen in die Klasse zu integrieren. Auch wenn ein dauerhafter Transfer vielleicht nicht umsetzbar ist, so kann doch immerhin in der einen Woche ein pädagogisches Umfeld geschaffen werden, aus dem die Betroffenen wertvolle Selbsterfahrungen mitnehmen können. Damit dies möglich wird, muss zum Abschluss betont werden, wie wichtig die Kommunikation mit den Lehrern und den Schülern ist, da diese genutzt werden kann, um die häufig verdeckten Probleme erst sichtbar zu machen und anschließend daran zu arbeiten. Auch wenn die Veränderungen eines SLH nicht ein Leben lang andauern, so kann man den Kindern und Jugendlichen doch einen ersten wirksamen Impuls geben, der im Idealfall von anderen Beteiligten weiter gefördert wird.

Literaturverzeichnis

Abstreiter, R. & Zwerger, R. (2018). Systemische Erlebnispädagogik. In W. Michl & H. Seidel (Hrsg.), *Handbuch Erlebnispädagogik* (S. 69–72). München: Ernst Reinhardt Verlag. Zugriff am 10.09.2020.

Alpetour.de (Hrsg.). (2020). *alpetour Klassenfahrten. So schön kann Schule sein!* Zugriff am 03.09.2020. Verfügbar unter: https://www.alpetour.de/

Balz, H.-J., Benz, B. & Kuhlmann, C. (2012). *Soziale Inklusion*. Wiesbaden: VS Verlag für Sozialwissenschaften. https://doi.org/10.1007/978-3-531-19115-7

Barkley, R. A., Petermann, F. & Wengenroth, M. (2005). *Das große ADHS-Handbuch für Eltern. Verantwortung übernehmen für Kinder mit Aufmerksamkeitsdefizit und Hyperaktivität* (Aus dem Programm Huber, 2., erw. und erg. Aufl.). Bern: Huber.

Benkert, O., Hautzinger, M. & Graf-Morgenstern, M. (Hrsg.). (2016). *Psychopharmakologischer Leitfaden für Psychologen und Psychotherapeuten* (3., vollst. überarb. u. akt. Aufl. 2016). Berlin, Heidelberg: Springer Berlin Heidelberg. https://doi.org/10.1007/978-3-662-49092-1

Berman, M. G., Jonides, J. & Kaplan, S. (2008). The cognitive benefits of interacting with nature. *Psychological Science, 19*(12), 1207–1212. https://doi.org/10.1111/j.1467-9280.2008.02225.x

Blue Ocean Entertainment, Spiegel, Die Zeit, Egmont, G+J & Panini Verlag, Krämer Marktforschung & Marplan (Mitarbeiter). (2018). *Welche der folgenden Freizeitaktivitäten führt ihr Kind bzw. führst Du mindestens mehrmals pro Woche durch?* Kinder Medien Studie 2018. Zugriff am 23.07.2019. Verfügbar unter: https://de.statista.com/statistik/daten/studie/734279/umfrage/beliebteste-freizeitaktivitaeten-von-kindern-4-bis-13-jahre-in-deutschland/

Blumenthal, J. A., Babyak, M. A., Moore, K. A., Craighead, W. E., Herman, S., Khatri, P. et al. (1999). Effects of exercise training on older patients with major depression. *Archives of Internal Medicine, 159*(19), 2349–2356. https://doi.org/10.1001/archinte.159.19.2349

Bohdansky, M. (adhs-deutschland.de, Hrsg.). (2010). *Erfahrungsbericht einer Mutter zum Almprojekt der Sinnstiftung*. Zugriff am 03.09.2020. Verfügbar unter: http://www.adhs-deutschland.de/Home/Unser-Angebot/Leseecke/Leseecke-Medien/Erfahrungsbericht-einer-Mutter-zum-Almprojekt-der-Sinnstiftung.aspx

Brämer, R. (Deutsches Wanderinstitut e.V., Hrsg.). (2007). *Gesundheitsstudie Wandern. Daten, Fakten, Perspektiven*. Zugriff am 03.09.2020. Verfügbar unter: https://www.wanderforschung.de/files/gesundstudwan1220020910.pdf

Bundesinstitut für Arzneimittel und Medizinprodukte. (2015). *Abgabe von Methylphenidat (Ritalin) durch Apotheken in Deutschland in den Jahren von 1994 bis 2014 (in Kilogramm)*. zitiert nach de.statista.com. Zugriff am 07.03.2019. Verfügbar unter: https://de.statista.com/statistik/daten/studie/425057/umfrage/abgabe-von-methylphenidat-ritalin-durch-apoteken-in-deutschland/

Bundesverband Individual- und Erlebnispädagogik & Hochschulforum Erlebnispädagogik (Hrsg.). (2018). *Anerkennungsverfahren zur Erlangung des Titels Erlebnispädagoge be / Erlebnispädagogin be*. Zugriff am 04.09.2020. Verfügbar unter: https://www.bundesverband-erlebnispaedagogik.de/fileadmin/user_upload/be-ep.de/Dateien/Pdf/Erlebnispaedagoge_be/18-05-08_EPbe_konzept_anerkennungsverfahren_erlebnispaedagoge_be_2.0.pdf

Burt, S. A., Krueger, R. F., McGue, M. & Iacono, W. (2003). Parent-child conflict and the comorbidity among childhood externalizing disorders. *Archives of General Psychiatry*, *60*(5), 505–513. https://doi.org/10.1001/archpsyc.60.5.505

Cascade, E., Kalali, A. & Weisler, R. (2008). Short-acting versus Long-actig Medications for the Treatment of ADHD. *Psychiatry (Edgemont)*, (5), 24–27. Zugriff am 04.09.2020. Verfügbar unter: https://innovationscns.com/short-acting-versus-long-acting-medications-for-the-treatment-of-adhd/

Coleman, J. S. (1992). *Körperschaften und die moderne Gesellschaft* (Grundlagen der Sozialtheorie, / James S. Coleman. Aus dem Amerikan. übers. von Michael Sukale unter Mitw. von Martina Wiese ; 2). München: Oldenbourg.

Damasio, A. R. & Kober, H. (2018). *Der Spinoza-Effekt. Wie Gefühle unser Leben bestimmen* (List-Taschenbuch, Bd. 60494, 9. Auflage). Berlin: List.

Deutsches Institut für Medizinische Dokumentation und Information (DIMDI) im Auftrag des Bundesministeriums für Gesundheit (BMG) unter Beteiligung der Arbeitsgruppe ICD des Kuratoriums für Fragen der Klassifikation im Gesundheitswesen (Hrsg.). (2018). *ICD-10-GM Version 2019. Systematisches Verzeichnis, Internationale statistische Klassifikation der Krankheiten und verwandter Gesundheitsprobleme, 10. Revision*. Köln. Zugriff am 04.09.2020.

Döpfner, M. (2008). ADHS und Psychotherapie. *Monatsschrift Kinderheilkunde, 156*(8), 776–780. https://doi.org/10.1007/s00112-008-1730-y

Döpfner, M., Lehmkuhl, G., Schepker, R. & Frölich, J. (2007). Hyperkinetische Störungen (F90). In *Leitlinien zu Diagnostik und Therapie von psychischen Störungen im Säuglings-, Kindes- und Jugendalter. Mit 9 Tabellen* (3. überarb. und erw. Aufl., S. 239–254). Köln: Dt. Ärzte-Verl.

Döpfner, M. & Lehmkuhl, G. (2002). Evidenzbasierte Therapie von Kindern und Jugendlichen mit Aufmerksamkeitsdefizit-/Hyperaktivitätsstörung (ADHS). *Praxis der Kinderpsychologie und Kinderpsychiatrie*, (51), 419–440. Zugriff am 02.09.2020.

Duke of Edinburgh's International Award Foundation (Duke of Edinburgh's International Award Foundation, Hrsg.). (2019). *Helping young people be world ready. Annual Review,* Duke of Edinburgh's International Award Foundation. Zugriff am 03.03.2021. Verfügbar unter: https://intaward.org/wp-content/uploads/2020/03/The-Duke-of-Edinburgh-International-Award-Annual-Review_Digital.pdf

Eichenberg, C. (2007). Recherche zu hyperkinetischen Störungen: Häufigste psychische Störung bei Kindern. *Deutsches Ärzteblatt International, 6*(4), [173]. Verfügbar unter: https://www.aerzteblatt.de/int/article.asp?id=55205

Estévez-Lamorte, N., Foster, S., Eich-Höchli, D., Moggi, F., Gmel, G. & Mohler-Kuo, M. (2019). Adult attention-deficit/hyperactivity disorder, risky substance use and substance use disorders: a follow-up study among young men. *European Archives of Psychiatry and Clinical Neuroscience, 269*(6), 667–679. https://doi.org/10.1007/s00406-018-0958-3

Feuer, A. J., Thai, A., Demmer, R. T. & Vogiatzi, M. (2016). Association of Stimulant Medication Use With Bone Mass in Children and Adolescents With Attention-Deficit/Hyperactivity Disorder. *JAMA Pediatrics, 170*(12), e162804. https://doi.org/10.1001/jamapediatrics.2016.2804

Fleishmann, A. & Kaliski, A. (2017). Personal Autonomy and Authenticity: Adolescents' Discretionary Use of Methylphenidate. *Neuroethics, 10*(3), 419–430. https://doi.org/10.1007/s12152-017-9338-3

Frühbuss, S. (Autor), 23.03.2019. *ADHS-Fehldiagnosen reduzieren. Neue Therapie in der Schweiz.* [Mit Gillery Gaspard & Blasy Tibor], Bayrischer Rundfunk (Interview mit Dr. Andreas Müller). Verfügbar unter: https://www.br.de/mediathek/video/neue-therapie-in-der-schweiz-adhs-fehldiagnosen-reduzieren-av:5c93b5b6d4d9ee001a3b87dc

Füller, C. (spiegel.de, Hrsg.). (2013). *Missbrauch bei der Alm-Therapie*. Zugriff am 04.09.2020. Verfügbar unter: https://www.spiegel.de/panorama/justiz/sexueller-missbrauch-auf-adhs-alm-der-sinn-stiftung-a-890741.html

Furman, L. M. (2008). Attention-deficit hyperactivity disorder (ADHD): does new research support old concepts? *Journal of Child Neurology, 23*(7), 775–784. https://doi.org/10.1177/0883073808318059

Galuske, M. (2011). *Methoden der Sozialen Arbeit. Eine Einführung* (Grundlagentexte Sozialpädagogik/Sozialarbeit, 9., erg. Aufl.). Weinheim: Juventa.

Gawrilow, C. (2012). *Lehrbuch ADHS. Modelle, Ursachen, Diagnose, Therapie : mit 18 Abbildungen, 10 Tabellen und 63 Vertiefungsfragen* (UTB Psychologie, Pädagogik, Bd. 3684). München, Basel: Ernst Reinhardt Verlag.

Gilsdorf, R. & Kistner, G. (2018). *Kooperative Abenteuerspiele. Eine Praxishilfe für Schule, Jugendarbeit und Erwachsenenbildung* (Edition, 24. Auflage). Seelze: Klett | Kallmeyer.

Göbel, K., Baumgarten, F., Kuntz, B., Hölling, H. & Schlack, R. (2018). ADHS bei Kindern und Jugendlichen in Deutschland – Querschnittergebnisse aus KiGGS Welle 2 und Trends. *Journal of Health Monitoring,* (3(3)), 46–53. Zugriff am 04.09.2020. Verfügbar unter: https://edoc.rki.de/bitstream/176904/5768/1/JoHM_03_2018_ADHS_KiGGS-Welle2.pdf

Grobe, T. G., Bitzer, E. M. & Schwartz, F. W. (2013). *Schwerpunkt: Aufmerksamkeitsdefizit-/Hyperaktivitätsstörungen. ADHS* (Schriftenreihe zur Gesundheitsanalyse, Bd. 18). Siegburg: Asgard-Verl.-Service. Verfügbar unter: http://presse.barmer-gek.de/barmer/web/Portale/Presseportal/Subportal/Presseinformationen/Archiv/2013/130129-Arztreport-2013/PDF-Arztreport-2013,property=Data.pdf

Hahn, K. (1958a). Die Aufgabe der Landerziehungsheime. In K. Hahn (Hrsg.), *Erziehung zur Verantwortung. Reden und Aufsätze* (S. 28–43). Stuttgart: Ernst Klett Verlag.

Hahn, K. (1958b). Erziehung zur Verantwortung. In K. Hahn (Hrsg.), *Erziehung zur Verantwortung. Reden und Aufsätze* (S. 70–81). Stuttgart: Ernst Klett Verlag.

Hahn, K. (Hrsg.). (1958c). *Erziehung zur Verantwortung. Reden und Aufsätze*. Stuttgart: Ernst Klett Verlag.

Hahn, K. (1958d). Hoffnungen und Sorgen eines Landerziehungsheims. In K. Hahn (Hrsg.), *Erziehung zur Verantwortung. Reden und Aufsätze* (S. 82–93). Stuttgart: Ernst Klett Verlag.

Hahn, K. (1986a). Erziehung und die Krise der Demokratie. In M. Knoll (Hrsg.), *Kurt Hahn: Erziehung und die Krise der Demokratie. Reden, Aufsätze, Briefe e. polit. Pädagogen* (S. 91–106). Stuttgart: Klett-Cotta.

Hahn, K. (1986b). Ein Internat in Deutschland. Vortrag über Salem. In M. Knoll (Hrsg.), *Kurt Hahn: Erziehung und die Krise der Demokratie. Reden, Aufsätze, Briefe e. polit. Pädagogen* (S. 55–66). Stuttgart: Klett-Cotta.

Hamm-Brücher, H. (1987). Erziehung zur Verantwortung in der Demokratie. In J. Ziegenspeck (Hrsg.), *Kurt Hahn: Erinnerungen, Gedanken, Aufforderungen. Beiträge zum 100. Geburtstag des Reformpädagogen (Schriften, Studien, Dokumente zur Erlebnispädagogik)* (1. Aufl., S. 35–61). Lüneburg: edition Erlebnispädagogik.

Heckmair, B. & Michl, W. (2018). *Erleben und Lernen. Einführung in die Erlebnispädagogik* (Erleben & lernen, Band 2, 8., überarbeitete Auflage). München: Ernst Reinhardt Verlag.

Heinrich, H., Gevensleben, H. & Strehl, U. (2007). Annotation: neurofeedback - train your brain to train behaviour. *Journal of Child Psychology and Psychiatry, and Allied Disciplines*, *48*(1), 3–16. https://doi.org/10.1111/j.1469-7610.2006.01665.x

Hildmann, J. (2009, 13. Oktober). *Probleme sind verkleidete Möglichkeiten - Kompetenzförderung durch Erlebnispädagogik im Unterricht.* Dissertation. Ludwig-Maximilians-Universität, München. Zugriff am 04.09.2020. Verfügbar unter: https://edoc.ub.uni-muenchen.de/12312/1/Hildmann_Jule.pdf

Hoffmann, H. (2012). *Der Struwwelpeter oder lustige Geschichten und drollige Bilder* (3. Aufl). Düsseldorf: Null Papier Verlag.

Hosemann, W. & Geiling, W. (2005). *Einführung in die systemische Soziale Arbeit.* Freiburg: Lambertus-Verlag.

Huang-Pollock, C. L., Nigg, J. T. & Carr, T. H. (2005). Deficient attention is hard to find: applying the perceptual load model of selective attention to attention deficit hyperactivity disorder subtypes. *Journal of Child Psychology and Psychiatry, and Allied Disciplines*, *46*(11), 1211–1218. https://doi.org/10.1111/j.1469-7610.2005.00410.x

Hufenus, H. (1993). Erlebnispädagogik - Grundlagen. In F. Herzog (Hrsg.), *Erlebnispädagogik. Schlagwort oder Konzept?* (S. 85–99). Luzern: Ed. SZH. Zugriff am 04.09.2020.

Hüther, G. (2006). Die nutzungsabhängige Herausbildung hirnorganischer Veränderungen bei Hyperaktivität und Aufmerksamkeitsstörungen. Einfluss präventiver Maßnahmen und therapeutischer Interventionen. In Y. Brandl, G. Hüther & M. Leuzinger-Bohleber (Hrsg.), *ADHS - Frühprävention statt Medikalisierung* (S. 222–238). Göttingen: Vandenhoeck & Ruprecht. Zugriff am 04.09.2020.

Hüther, G. (Psychologie Heute, Hrsg.). (2010). *ADHS ist die Folge veränderter Sozialerfahrungen. Der Hirnforscher Gerald Hüther entwickelt eine neue Sicht auf die häufigste psychiatrische Erkrankung von Kindern*. Interview von Eva Tenzer mit Gerald Hüther. Psychologie Heute: Heft 3. Zugriff am 04.09.2020. Verfügbar unter: http://www.erziehungsstelle.net/?page_id=123

Hüther, G. (14.05.2019). *Fokusgruppendiskussion ADHS* (E-Mail).

News aktuell gmbh (iconkids & youth, Hrsg.). (2008). *Was ist dein Lieblingsfach in der Schule?*, news aktuell gmbh. Zugriff am 04.09.2020. Verfügbar unter: https://de.statista.com/statistik/daten/studie/1809/umfrage/lieblingsfach-in-der-schule/

Idel, T.-S. & Ullrich, H. (2017). *Handbuch Reformpädagogik* (Beltz Handbuch). Weinheim, Basel: Beltz Verlagsgruppe.

International Narcotics Control Board. (2016). *Availability of internationally controlled drugs. Ensuring adequate access for medical and scientific purposes : indispensable, adequately available and not unduly restricted*. New York: United Nations. Zugriff am 04.09.2020. Verfügbar unter: https://www.unodc.org/documents/drug-prevention-and-treatment/INCB_Access_Supplement-AR15_availability_English.pdf

Jagenlauf, M. (1994). Wirkungsanalyse Outward Bound. Ein empirischer Beitrag zur Wirklichkeit und Wirksamkeit der Erlebnispädagogischen Kursangebote von Outward Bound Deutschland. In A. Bedacht (Hrsg.), *Erlebnispädagogik: Mode, Methode oder mehr? Tagungsdokumentation des Forums Erlebnispädagogik* (Soziale Arbeit in der Wende, Bd. 12, 2., unveränd. Aufl., S. 72–95). München: Fachhochsch.-Schr. Sandmann. Zugriff am 09.09.2020.

Kerbs, D. & Reulecke, J. (Hrsg.). (1998). *Handbuch der deutschen Reformbewegungen. 1880 - 1933*. Wuppertal: Hammer. Verfügbar unter: http://www.h-net.org/review/hrev-a0b3c6-aa

Knoll, M. (Hrsg.). (1987). *Kurt Hahn und die Erziehung in Salem*. Würzburg.

Knoll, M. (2014). Zwischen Wagnis und Bewährung. Kurt Hahn als Erlebnispädagoge. *erleben & lernen 22*, 4–6.

Kurt Hahn Stiftung (Hrsg.). (2020). *Porträt von Kurt Hahn. Zeittafel*. Zugriff am 02.03.2021. Verfügbar unter: https://www.kurt-hahn-stiftung.de/ueber-die-stiftung/kurt-hahn/

Linden, D. J. (2012). *High. Woher die guten Gefühle kommen*. München: Beck.

Link, J.-W. (2018). Reformpädagogik im historischen Überblick. In H. Barz (Hrsg.), *Handbuch Bildungsreform und Reformpädagogik* (Handbuch, S. 15–30). Wiesbaden: Springer VS. Zugriff am 04.09.2020.

Lisska, M. C. & Rivkees, S. A. (2003). Daily methylphenidate use slows the growth of children: a community based study. *Journal of Pediatric Endocrinology & Metabolism : JPEM, 16*(5), 711–718. https://doi.org/10.1515/JPEM.2003.16.5.711

Lohse, M. & Müller-Oerlinghausen, B. (2019). Anzahl der Verordnungen von Methylphenidat, Atomoxetin und Lisdexamfetamin in Deutschland in den Jahren von 2004 bis 2018. in Millionen DDD. In U. Schwabe, D. Paffrath & W.-D. Ludwig (Hrsg.), *Arzneiverordnungs-Report 2019* (1st ed. 2019, S. 951). Zugriff am 04.09.2020.

Magoltz, M. (2010). *Erlebnispädagogik im Förderschwerpunkt geistige Entwicklung. Inwiefern lassen sich erlebnispädagogische Konzepte in die Arbeit mit Menschen mit einer geistigen Behinderung integrieren?* München: GRIN Verlag GmbH.

Malchow, B., Schmitt, A. & Falkai, P. (2014). Wirksam bei Schizophrenie, Depression, Demenz und Angststörungen. Sport tut auch der Psyche gut! *MMW Fortschritte der Medizin* [Physical activity in mental disorders], *156*(1), 41–43. https://doi.org/10.1007/s15006-014-0044-3

Markser, V. Z., Bär, K.-J., Broocks, A. & Berger, M. (2015). *Sport- und Bewegungstherapie bei seelischen Erkrankungen. Forschungsstand und Praxisempfehlungen ; mit 21 Tabellen*. Stuttgart: Schattauer.

Mastalerz, D. Die Macht des Augenblicks. Der Kurt-Hahn-Pokal. In *erleben & lernen* (I/2019, S. 24–28).

Mehl, K. (2010). Machen wir jetzt Neuroerlebnispädagogik? *erleben & lernen,* (4-2010), 8–11. Zugriff am 04.09.2020. Verfügbar unter: http://www.erfahrungslernen.info/images/Dokumente/infer/web-Neuroerlebnispaedagogik.pdf

Michel, A. (17.02.2021a). *Abseilen vom Burgturm*.

Michel, A. (17.02.2021b). *Fliegende Stufen*.

Michl, W. (2009). *Erlebnispädagogik* (UTB Profile, Bd. 3049). München: Reinhardt. Verfügbar unter: http://www.socialnet.de/rezensionen/isbn.php?isbn=978-3-8252-3049-4

Michl, W. (2015). *Erlebnispädagogik* (UTB Profile, Bd. 3049, 3., aktualisierte Auflage). München, Basel, München: Ernst Reinhardt Verlag; UTB. Verfügbar unter: http://www.utb-studi-e-book.de/9783838545219

Molina, B. S. G., Hinshaw, S. P., Swanson, J. M., Arnold, L. E., Vitiello, B., Jensen, P. S. et al. (2009). The MTA at 8 years: prospective follow-up of children treated for combined-type ADHD in a multisite study. *Journal of the American Academy of Child and Adolescent Psychiatry, 48*(5), 484–500. https://doi.org/10.1097/CHI.0b013e31819c23d0

N.E.W. - Institut (N.E.W. - Institut, Hrsg.). (2019). *Modul Vision Quest / Schwellengang. Eine faszinierende Arbeit im Spiegel der Natur,* N.E.W. - Institut. Zugriff am 06.09.2020. Verfügbar unter: https://new-institut.com/erlebnispaedagogik-tagesprogramme/module-fuer-tagesprogramme/modul-vision-quest-schwellengang/

Neraal, T. (2012). ADHS: Symptome verstehen - Beziehungen verändern. In B. Gebhard (Hrsg.), *Interdisziplinäre Frühförderung. Exklusiv - kooperativ - inklusiv ; [XVI. Symposion Frühförderung* (S. 137–145). Stuttgart: Kohlhammer.

Neraal, T. & Wildermuth, M. (Hrsg.). (2011). *ADHS. Symptome verstehen - Beziehungen verändern* (Edition psychosozial, 2. Auflage). Gießen: Psychosozial-Verlag. Zugriff am 04.09.2020.

Oelkers, J. (1994). Unmittelbarkeit als Programm. Zur Aktualität der Reformpädagogik. In A. Bedacht (Hrsg.), *Erlebnispädagogik: Mode, Methode oder mehr? Tagungsdokumentation des Forums Erlebnispädagogik* (Soziale Arbeit in der Wende, Bd. 12, 2., unveränd. Aufl., S. 96–116). München: Fachhochsch.-Schr. Sandmann. Zugriff am 04.09.2020.

Ohly, H., White, M. P., Wheeler, B. W., Bethel, A., Ukoumunne, O. C., Nikolaou, V. et al. (2016). Attention Restoration Theory: A systematic review of the attention restoration potential of exposure to natural environments. *Journal of Toxicology and Environmental Health. Part B, Critical Reviews, 19*(7), 305–343. https://doi.org/10.1080/10937404.2016.1196155

The Outward Bound Trust (The Outward Bound Trust, Hrsg.). (2017). *Social Impact Report 2017,* The Outward Bound Trust. Zugriff am 04.09.2020. Verfügbar unter: https://www.outwardbound.org.uk/assets/pdf/uploads/Impact/Social-Impact-Report-2017.pdf

Palo, A. M. de & Basmer-Birkenfeld, S.-V. (2018). Kooperation - Die Kunst gemeinsamen Vergnügens. In T. Redlich, M. Moritz & J. P. Wulfsberg (Hrsg.), *Interdisziplinäre Perspektiven zur Zukunft der Wertschöpfung* (S. 361–372). Wiesbaden: Springer Fachmedien Wiesbaden. https://doi.org/10.1007/978-3-658-20265-1_27

Pelz, R., Banaschewski, T. & Becker, K. (2008). Pharmakotherapie bei Kindern und Jugendlichen mit ADHS. *Monatsschrift Kinderheilkunde, 156*(8), 768–775. https://doi.org/10.1007/s00112-008-1729-4

Purps, S. (2009). *Das Potential-Entfaltungs-Programm "Via nova" der SINN-STIFTUNG stärkt Kinder mit AD(H)S-Symptomatik und ermöglicht Heilung.* München. Zugriff am 04.09.2020. Verfügbar unter: https://pressemitteilung.ws/node/178167

Ratey, J. J. (2003). *Das menschliche Gehirn. Eine Gebrauchsanweisung* (Serie Piper, Bd. 3825, 2. Aufl.). München: Piper.

Reiners, A. (1995). *Erlebnis und Pädagogik. Praktische Erlebnispädagogik* (Themenhefte praktische Erlebnispädagogik, 1. Aufl.). München: Verlag Dr. Jürgen Sandmann.

Reiser, L. (2018). Erlebnispädagogik in Europas Städten. Das CityBound Europa Netzwerk. *erleben & lernen, 26*(1-2018), 20. Zugriff am 03.09.2020.

Remschmidt, H., Blanz, B.; Döpfner, M.; Fleischmann, J.; Herpertz-Dahlmann, B.; Huss, M.; Martinius, J.; Neubauer, B.; Remschmidt, H.; Resch, F. & Rothenberger, A. (Mitarbeiter) (Vorstand der Bundesärztekammer, Hrsg.). (2005). *Stellungnahme zur Aufmerksamkeitsdefizit-/Hyperaktivitätsstörung. Langfassung.* Zugriff am 04.09.2020. Verfügbar unter: https://www.bundesaerztekammer.de/fileadmin/user_upload/downloads/ADHSLang.pdf

Riedesser, P. (2006). Einige Argumente zur ADHS-Kontroverse in der Kinder- und Jugendpsychiatrie. In Y. Brandl, G. Hüther & M. Leuzinger-Bohleber (Hrsg.), *ADHS - Frühprävention statt Medikalisierung* (S. 111–118). Göttingen: Vandenhoeck & Ruprecht. Zugriff am 04.09.2020.

Rüegg, J. C. (2007). *Gehirn, Psyche und Körper. Neurobiologie von Psychosomatik und Psychotherapie* (4., aktualisierte und erw. Aufl.). Stuttgart: Schattauer.

Schlenker, R.-U., Schwartz, F. W., Grobe, T. & Drougias. (2013). *BARMER GEK Arztreport 2013. ADHS-Diagnosen und Ritalin-Verordnungen boomen.* Berlin. Zugriff am 04.09.2020. Verfügbar unter: https://www.barmer.de/blob/37496/7b0ac7f21ead53bf76ec67603cd5b0d9/data/pdf-digitale-pressemappe-zum-arztreport-2013.pdf

Schule Schloss Salem (Schloss Salem, Hrsg.). (2020a). *Ergänzung der Allgemeinen Vertragsbedingungen zum Schul- und Internatsvertrag der Schule Schloss Salem im Falle des Zustandekommens eines Stipendienvertrags,* Schule Schloss Salem. Zugriff am 12.09.2020. Verfügbar unter: https://www.schule-schloss-salem.de/fileadmin/02_Aufnahme_und_Stipendien/Stipendien/AVB_Stipendien_2020.pdf

Schloss Salem (Schloss Salem, Hrsg.). (2020b). *Informationen zum Schul-und Internatsgeld,* Schloss Salem. Zugriff am 12.09.2020. Verfügbar unter: https://www.schule-schloss-salem.de/fileadmin/02_Aufnahme_und_Stipendien/Aufnahme/Salem_Schul_und_Internatsgeld_2020_2021.pdf

Schmidt, H.-R. (2019). *Ich lerne wie ein Zombie. Plädoyer für das Abschaffen von ADHS* (2. Aufl. 2019). Wiesbaden: Springer Fachmedien Wiesbaden. https://doi.org/10.1007/978-3-658-14130-1

Schuh, S. (2018). Freie Träger. In W. Michl & H. Seidel (Hrsg.), *Handbuch Erlebnispädagogik* (S. 187–190). München: Ernst Reinhardt Verlag. Zugriff am 09.09.2020.

Schule Schloss Salem (Hrsg.). (2019). *Zahlen und Fakten. Die Schule Schloss Salem in Zahlen und Fakten.* Zugriff am 04.09.2020. Verfügbar unter: https://www.schule-schloss-salem.de/de/ueber-salem/kurzprofil/

Schumann, I., Favreau, M., Pfeuffer, S. & Naab, S. (2017). ADHS im Kindes- und Jugendalter erkennen und therapieren. *DNP - Der Neurologe & Psychiater, 18*(6), 26–32. https://doi.org/10.1007/s15202-017-1705-8

Sherzada, A. (2012). An Analysis of ADHD Drugs: Ritalin and Adderall. *JCCC Honors Journal,* (Vol. 3 Iss. 1), 1–13. Zugriff am 04.09.2020. Verfügbar unter: https://scholarspace.jccc.edu/honors_journal/vol3/iss1/2

Singh Wallia, S. (2008). Challenge by choice: A sojourn at the intersection of challenge and choice. *Journal of Outdoor and Environmental Education, 12*(2), 39–46. https://doi.org/10.1007/BF03400869

Spiegel.de (Hrsg.). (2014). *Verbrauch von ADHS-Arzneien nimmt erstmals ab. Trendwende bei der ADHS-Therapie? Erstmals seit 20 Jahren wurde 2013 weniger Ritalin verbraucht als im Vorjahr. Der Konsum der Arznei mit dem Wirkstoff Methylphenidat hatte sich in den zehn Jahren zuvor verdreifacht.* Zugriff am 02.03.2020. Verfügbar unter: https://www.spiegel.de/gesundheit/schwangerschaft/adhs-verbrauch-von-ritalin-gegen-zappelphilipp-syndrom-nimmt-ab-a-961839.html

St Sauver, J. L., Barbaresi, W. J., Katusic, S. K., Colligan, R. C., Weaver, A. L. & Jacobsen, S. J. (2004). Early life risk factors for attention-deficit/hyperactivity disorder: a population-based cohort study. *Mayo Clinic Proceedings, 79*(9), 1124–1131. Accessed 04.09.2020.

Taylor, A. F., Kuo, F. E. & Sullivan, W. C. (2001). Coping with add. *Environment and Behavior, 33*(1), 54–77. https://doi.org/10.1177/00139160121972864

Ulrich, H. & Probst, G. J. B. (1995). *Anleitung zum ganzheitlichen Denken und Handeln. Ein Brevier für Führungskräfte* (4., unveränd. Aufl.). Bern: Haupt.

United World Colleges (United World Colleges International, Hrsg.). (2020). *United World Colleges today,* United World Colleges. Zugriff am 05.09.2020. Verfügbar unter: https://www.uwc.org/history

Volkow, N. D., Wang, G.-J., Newcorn, J., Fowler, J. S., Telang, F., Solanto, M. V. et al. (2007). Brain dopamine transporter levels in treatment and drug naïve adults with ADHD. *NeuroImage, 34*(3), 1182–1190. https://doi.org/10.1016/j.neuroimage.2006.10.014

Witte, M. D. (2002). *Erlebnispädagogik: Transfer und Wirksamkeit. Möglichkeiten und Grenzen des erlebnis- und handlungsorientierten Erfahrungslernens* (Grundlagen der modernen Erlebnispädagogik, Bd. 5). Lüneburg: Verlag Edition Erlebnispädagogik.

Zimmer, R. (2005). Wirkungsvolles Lernen - Selbstwirksamkeit erleben. *erleben & lernen,* (2005/3&4), 16–20.

Anhang

Transkript Fokusgruppendiskussion

Benjamin Heller: Ich habe mit dem Gerald Hüther geschrieben, weil ich ihn auch eigentlich eingeladen hatte für heute. Er hat es gut auf den Punkt gebracht. Er hat gemeint er hat eigentlich keine Lust mehr, sich mit dem Thema ADHS auseinanderzusetzen, weil er traurig findet, dass da überhaupt drüber diskutiert werden muss. Und das Zitat fand ich ganz schön aus einer E-Mail: Und dass es den Kindern in der Natur nachhaltig besser geht als in der Schule […]. Ich finde das bringt es recht gut auf den Punkt. Jetzt wäre die erste Frage: Wann haben erlebnispädagogische Kurzzeitsettings – damit meine ich SLHs im Zeitraum von drei bis fünf Tagen – einen positiven Einfluss auf Kinder und Jugendliche mit ADHS und wie kann diese Wirkung nachhaltig verstärkt werden?

Andreas Michel: Seh' ich zwei Faktoren, wenn das im Rahmen einer Klassenfahrt ist. Oder ist allgemein ein Kurzzeitsetting gemeint?

Benjamin Heller: Ich wollte ein Setting verwenden, in dem Erlebnispädagogik in einem Setting stattfindet, wie auch bei EP Extratouren, also ein Schullandheim mit drei bis fünf Tagen Programm

Andreas Michel: In diesem drei bis fünf Tage Setting bedeutet das gleichzeitig für mich Schule, Schulklasse, bedeutet gewohntes soziales Umfeld an Menschen. Das soziale Umfeld bringt Erfahrungen mit dem Kind mit, das Kind bringt Erfahrung im Umgang mit der Gruppe mit. Die Aktivitäten die Bewegung erfordern, mit solchen fängst du viel leichter die Konzentration von solchen Kindern, als im schulischen Alltag wo sie am Tisch sitzen und zuhören sollen. Gleichzeitig genießen wir als Pädagogen eine andere Freiheit als die Lehrer im Zusammenspiel mit dem Kind. Das wir keinen Lehrplan an diesem Tag fertig bringen müssen bis zum Jahresende und die 20 anderen Kinder keinen Schaden daran nehmen, wenn wir uns für das eine Kind Zeit nehmen. Was ja eigentlich auch meistens die Hauptaufgabe ist, quasi sich um die Integration dieses einen Kindes zu kümmern. Das kann sich mal von einer anderen Seite zeigen, als das im schulischen Alltag kann. Das kann sich auch anders erleben in der "Volksrangliste" sag ich jetzt mal an dem Tag und in dem längeren Zeitraum in der Woche können so die bestehenden Schubladen, in denen das Kind steckt, bzw. aus Blick des Kindes die Gruppe oder die Lehrerinnen. Alle Beteiligten können eine neue Perspektive aufeinander gewinnen. Und wenn man das, das ist auf jeden Fall was, wo man bei Schuljahresende oder bei Klassenfahrtende hört ‚Das fand ich total toll, so hab' ich den noch nie erlebt den Menschen'. Solche Aussagen gibts.

Benjamin Heller: Sie meinen quasi, dass sich die Symptomatik nicht verändert, aber dadurch, dass der Blick vom Umfeld, der auf das Kind fällt, ein anderer ist, einen positiven Effekt hat.

Andreas Michel: Naja, genau. Und auch die anderen erleben das Kind anders. Und das gibt dem Kind, das sonst darunter zu leiden hat "irgendwas ist an mir falsch"... Die ganze Welt meldet ihm zurück, „irgendwas ist an dir falsch". Das führt dann natürlich dann auch dazu, dass es sich ein Stück weit gefrustet verhält, vielleicht aber auch den Mittelpunkt spielt. Es kommt zu einer Verhaltensstörung sag ich jetzt mal. Im Miteinander. Das soziale Miteinander wird gestört sozusagen. Und in dieser neuen Perspektive bekommt jeder eine neue Chance. Und wenn das Kind, das begreift und die Gruppe das begreift, dann machen die auf jeden Fall einen Schritt nach vorne, aufeinander zu.

Ingo Krüger: Also ich habe die Erfahrung gemacht, dass man gerade Kinder mit ADHS durch Sonderaufgaben, durch mehr Forderung total gut ins Boot holen kann.

Benjamin Heller: Was meinen sie da zum Beispiel?

Ingo Krüger: Ja, wenn die dann ne bestimmte Aufgabe kriegen. Wenn das eine Selbstversorgerklassenfahrt ist, zum Beispiel Koordination von Küchendienst oder so. Dass die einfach mehr zu tun haben, als die anderen. Und eine wichtige Aufgabe. Dass sie dann einfach diese Aufgabe viel...diese Aufgabe einfach viel mehr ihre Energie zuwenden und wesentlich unauffälliger sind. Das heißt, da wäre auch die Diagnose oftmals gar nicht mehr gegeben. Also das hab' ich auch schon erlebt. Das man Kinder hat, die einfach super funktionieren, weil sie irgendwie gefordert sind und dann unauffällig werden. Und... Ich hab da auch tatsächlich jetzt in letzter Zeit eine Erfahrung gemacht, allerdings mit einem Erwachsenen. Wo ich 100 Prozent sicher bin, dass der ADHS hat. voll geil. Bei dem hatte ich vor drei Jahren, ne vor zwei Jahren einen Erste-Hilfe-Kursgegeben, hab jetzt wieder einen gegeben dieses Jahr. Und auch den hat man mit forderenderen Aufgaben und so viel besser dazu gekriegt, aufmerksam zu sein.

Benjamin Heller: Was habt ihr dem für Aufgaben gegeben, wissen sie das noch?

Ingo Krüger: Naja, dass er einfach teilweise eine schwerere Rettung bekommen hat, wo er mehr gefordert war. Und eben gesehen hat, okay, vielleicht ist es doch gut, dann mal zwischendrin zuzuhören, weil das sonst nicht so sein Ding war. Und naja, dass schon auch im Erwachsenenalter dann auch auffällig. Das ist tatsächlich so meine Idee dazu. Sonst hatte ich einmal einen Fall in einer Sportferienfreizeit. Von einem Jungen der angeblich ADHS hat. Ist da natürlich nicht aufgefallen, weil wir einfach sechs Stunden am Tag Badminton Training hatten. Da kann man auch den mal so plattmachen, dass er dabei ist, ruhig ist und sich seinen Aufgaben stellt und nicht auffällig wird. Und das ist einfach oft die Sache...ich bin gar nicht unbedingt der Meinung, dass man da mehr Zeit für die braucht, sondern die brauchen eine Aufgabe. Wenn man denen eine Aufgabe gibt, die vielleicht auch noch Gruppendienlich ist, dann hat man die gefordert, eingebunden und die werden unauffällig. Es kann natürlich auch reichen, sich denen mehr zu widmen. Aber klar, eins von beiden muss man halt machen.

Jennifer Herrmann: Ja vor allen Dingen bietet das einfach die Möglichkeit, dass der Fokus auf die Stärken der Kids gelegt wird. Was ja wie schon gesagt in den normalen Systemen, in denen sie so unterwegs sind, geht es ja eher ums funktionieren und darum, dass das große Ganze irgendwie läuft. Und dann wird natürlich schnell zum Störfaktor, was eigentlich ja `ne große Stärke sein kann. So viel Elan und Energie zu haben und so viel Bewegungsdrang und so was alles ist ja auch eine enorme Schaffenskraft und eigentlich was total Positives, wenn man die Rahmenbedingungen hat, die das dann eben auch entsprechend so bewerten. Das ist natürlich bei uns, also im Erlebnispädagogik Bereich, oder überhaupt, wenn man draußen in der Natur unterwegs ist, haben wir viel mehr Möglichkeiten, das einfach so zu gestalten, als man es in einem Klassenzimmer hat.

Benjamin Heller: Ich finde das gut, dass sie das Ansprechen mit der großen Stärke. Ich weiß nicht wie fit sie mit der Thematik Kurt Hahn sind, aber er hat sich ja auch viel dafür eingesetzt... Kurt Hahn hat sich ja auch viel dafür eingesetzt, dass Kinder und Jugendliche die Möglichkeit haben, ihre große Leidenschaft zu entdecken, so hat er es ja genannt. Meinen sie das? Das man quasi nur die Stärke von denen finden muss und das vielleicht in den Kindern wecken muss, damit sie wissen, worauf sie quasi ihre Energie fokussieren können.

Jennifer Herrmann : Ja...Also das wäre sicherlich sehr wichtig für die Kinder, dass die eben nicht nur - was wir am Anfang auch schon gesagt hatten - negative Erfahrungen machen und negativ bewertet werden, sondern eben auch einen Raum haben, in dem sie die Möglichkeit haben, sich als positiver Teil der Gruppe wahrzunehmen und als jemand, der was positives durch seine Person und seine Eigenschaften beiträgt. Und da ist dann halt die Frage...Wenn das quasi das Selbstbewusstsein auch entsprechend stärkt, wie man das dann aber trotzdem im Setting Schule irgendwie unterbringen kann, weil das muss ja irgendwie auch funktionieren

Benjamin Heller: Ja. Da komm ich gleich auch noch zu dem Thema.

Ingo Krüger: Meine Erfahrung tatsächlich ist, dass oft Kinder, die diese Diagnose ADHS kriegen, wenn sie unterfordert sind. Tatsächlich. Das meine ich mit diesem über Zusatzaufgaben...also...ist sicherlich nicht immer so, aber oft ist es so, dass es dann leichter ist, ein Kind so zu füttern und so zu fordern, dass es gut mitläuft, dass einfach ein bisschen zu sedieren und dann zu sagen, okay, ich muss mich nicht mehr so viel drum kümmern, muss den nicht mehr so fordern. Und naja, das wäre so meine Erfahrung dazu.

Benjamin Heller: Habe ich gleich eine Frage dazu. Erstmal Herr Michel, haben sie noch was zu ergänzen?

Andreas Michel: Ja, zu ganz vielen Sachen. Als erstes Mal dieses, was sie von Kurt Hahn zitiert haben...mit dem ihre Stärken rausfinden, damit sie da ihre Leidenschaft ausüben. Das steht nicht für ADHS, Menschen mit ADHS, sondern das seht für alle. Denn das ist der Schlüssel um überhaupt glücklich zu werden sozusagen. Oder dann funktioniert was, wenn man es mit Leidenschaft macht. Und das setzt schon auf die Stärken an. Und wenn man sich jetzt anschaut, ähm, man kann im Endeffekt das übereinander führen was die Jennifer jetzt gesagt hat, an den Stärken packen und wir machen so was in der Erlebnispädagogik hin dazu wo ich es eben auch gesagt hab und auch du [Ingo] sagst fordern in dem was sie gut können. Ich glaub aber man dürfe nicht denken, also das fordern muss Handlungsbezug haben. Das darf nichts mit schulischen Aufgaben zu tun haben wie lesen, rechnen, schreiben oder sonst was, sondern das muss eine Aufgabe sein, die im Handeln zu erledigen ist. Und dann ist es auch wieder handlungsorientiert, dann ist es wieder Erlebnispädagogik. Wohingegen man sehen muss, das mit dem Sport was du [Ingo] genannt hast, wo der Fokus eher auf Sport als auf Erlebnispädagogik ist. Wenn du das natürlich...wenn du einem solchen Kind den richtigen Sport bringst, kannst du den auch wieder mit Leidenschaft ausfüllen, kostet viel Energie auch gleichzeitig und ist was, was du auf Dauer machen kannst, Im Endeffekt kannst du mit Erlebnispädagogik oder mit Erlebnispädagogischen Elementen die sportlich gestaltet sind, genauso machen. Da sollte das dann kein Sporttrainer machen, sondern ein Pädagoge. Um auch für sich und den Alltag Schlüsse ziehen zu können.
Benjamin Heller: Das wäre jetzt nämlich meine nächste Frage. Sie meinten es ist ja ganz schön, die [Kinder mit ADHS] zu beschäftigen, Zusatzaufgaben zu vergeben, die eigene Stärke zu wecken. Jetzt ist nur die Frage, wie könnte man es schaffen, dass so Verhaltensweisen, die zum Beispiel in ihrem Setting alltäglich sind, oder die einfach realisierbar sind... wie schafft man es, dass die neu erlernten Verhaltensmuster auch in den Alltag übernommen werden? [Pause] Das kann schulischer Alltag oder auch der normale private Alltag sein.

Andreas Michel: Ist sehr schwierig. Es ist ein lebendes System mit 25 Kindern und einer oder zwei Lehrern und eben dem betroffenen Kind. Man geht davon aus, dass quasi die Stärke des Erlebens ist. Umso besser prägt sich das ein. Das kann man in so einem drei-Tages-Programm nur versuchen, das Kind oder die ganze Gruppe an so einen Rand oder eine Grenze zu bringen, dass es das bleibende Erlebnis für ihr Leben ist. Und ansonsten ist man schlichtweg darauf angewiesen, kontinuierlich diesen Wirkimpuls den man am Anfang mal gibt, kontinuierlich weiter zu fördern. Regelmäßig, im Fortlauf des Schuljahres. Ansonsten schätze ich persönlich das nicht als ewig wirkend. Vielleicht gewinnt das Kind dadurch einen Freund, für die nächsten zwei Jahre bis die Schule rum ist. Aber so einen heilenden Effekt von wegen "jetzt ist es rum" oder "jetzt ist alles wunderbar" wirst du in drei bis fünf Tagen nicht erreichen können. Und ich glaub auch die Kinder an so eine Grenze zu bringen, dass das ein so bleibendes Erlebnis ist, das machen wir mal besser nicht [lacht]

Jennifer Herrmann: Ich glaube auch, dass das viel mit den Lehrkräften zusammenhängt, die ja vielleicht in dem Programm das Kind eben anders erleben, ganz neue Seiten sehen auch andere Leistungsbereitschaft oder andere Motivation sehen oder einfach eben auch diese Stärken wahrnehmen und die dann eben hoffentlich das schaffen, das mit in den Alltag zu nehmen. Und das Kind vielleicht auch mal dran zu erinnern, oder sich selber dran erinnern, dass der ja nicht nur stört und mir jetzt gerade auf die Nerven geht und mir meine Unterrichtsplanung sprengt, sondern dass der halt einfach andere Bedürfnisse hat als vielleicht ein Großteil der Kids die da sitzen und dass der sehr wohl was drauf hat und das eben die [Lehrer] dann vielleicht dranbleiben. Also ich denk auch, das müsste durchaus über einen längeren Zeitraum immer wieder im Alltag auftauchen. Diese Stärken... Dass das einfach eine kontinuierlichere Erfahrung ist.

Andreas Michel: Ja. Genau. Das ist sehr gut erweitert was ich gedacht habe, von wegen mit dem "wenigstens einen Freund". Wenn die Lehrerin auch anders auf das Kind guckt, wenn das Kind vielleicht auch anders auf die Lehrerin jetzt wieder guckt. Da ist ganz entscheidend, in welchen Klassen...welche Menschen in dieser

Gruppe sind. Wie die das erleben und wie die das dann im Alltag sich immer wieder in Erinnerung rufen.

Ingo Krüger: Ich hab' da jetzt gerade wieder so ein Bild im Kopf wie ein Kind, was eben eine Diagnose hatte... Nein also ich... Es war ein Junge dabei, der eben diese ADHS-Diagnose hatte. Wir haben Gefängnisausbruch oder Hühnerstall, je nachdem...sagt euch was, oder? [Bestätigung] gemacht. Und dabei ist der nicht nur durch seine Aktivität, sondern auch durch die Kreativität aufgefallen. Was der Lehrerin auch extrem aufgefallen ist und sie hat ihn da als sehr hilfreich für die Klasse wahrgenommen. Und das sind dann so Momente, die dem Jungen dann ganz viel ermöglichen. Wenn denn die Klasse und die Lehrerin sich daran erinnern und das weiter fördern.

Benjamin Heller: Denken sie es wäre möglich, wenn man da jetzt nochmal den Transfer zur Erlebnistherapie nach Kurt Hahn macht, da gab es ja die 4 Verfallserscheinungen und die vier Therapiemethoden. Vielleicht erinnern sie sich noch, das waren einerseits körperliche Aktivität, Dienst am Nächsten, die Projektarbeit und die Expedition. Denken sie, es wäre möglich, diese vier Elemente auch niedrigschwellig im Schulalltag zu integrieren? Auf gewissen Ebenen passiert das ja schon, so was wie eine Projektarbeit.

Andreas Michel: Definitiv. Es gibt ja Schulen, ähm, da wird das gemacht. Das sind halt keine ADHS-Kinder dort, sondern Menschen die das Bezahlen.

Ingo Krüger: Aber da sind ja durchaus auch ADHS Kinder dabei möglicherweise

Andreas Michel: Möglicherweise. Ja.

Ingo Krüger: Ich seh' das auch.

Andreas Michel: Die fallen da vielleicht nicht so auf. Weil eben...es passt das Setting. Es kommt gar nicht zur Diagnose.

Benjamin Heller: Aber da haben wir immer noch die Problematik, dass das meistens Eliteschulen sind. Wenn man zum Beispiel auch von Kurt Hahn nimmt, wo das auch wirklich gelebt wird mit der Erlebnistherapie. Ähm. Natürlich gibt es auch Stipendien, aber ein Schuljahr auf Schloss Salem, also der Urgeschichte von Kurt Hahn kostet 42.000€. Das können die meisten Familien sich eben nicht leisten und es ist eben auch bekannt, dass Familien aus einem niedrigen sozioökonomischen Status, dass die Kinder da eher ADHS haben, als Kinder aus reichen Familien. Deswegen rede ich nicht von irgendwelchen Akademien oder teuren Internaten, sondern ich rede wirklich vom normalen schulischen Alltag an einer Mittelschule.

Andreas Michel: Das ist eher eine Frage, die sich an die Organisation unseres Bildungssystem richtet. Mal abgesehen davon, dass es Kosten verursacht, ist ja auch eine gewisse Verlagerung des Schwerpunkts...Der ist ja jetzt momentan bei "Lies' dein Buch, schreib von der Tafel ab und reproduziere". Also klassisches Vorlesungsschema, also vorne redet einer, die anderen hören zu, in weiten Teilen ausgelegt, bestimmt nicht mehr überall. Und ja... aber eine soziale Stunde in oder Woche oder alle zwei Wochen einen Tag, das täte auf jeden Fall was bringen.

Franziska Beils: Ja, aber es ist im Kommen.

Andreas Michel: Ja, ist im Kommen, jaja.

Franziska Beils: Ist im Kommen...auch das junge Lehrer immer häufiger auch ein bisschen Bewegung in den Unterricht einbauen oder es zumindest versuchen. Also ich habe davon nur von guten Erfahrungen gehört. Und ein alter Lehrer von mir hat auch die Kinder jedes Mal vor der Stunde einmal über den Schulhof rennen lassen und sagte "ja die haben ein bisschen frische Luft gekriegt, haben sich einmal richtig bewegt und dann ging das..:" grundsätzlich mit allen. Ob das jetzt ADHS-Kinder oder "normale" Kinder waren, blöd gesagt. [Pause] Ne ich glaube, dass gerade der Bewegungsaspekt relativ einfach in den Schullalltag zu integrieren ist. Das muss der Lehrer aber gemerkt haben, dass Bewegung guttut, dem einen Schüler, beziehungsweise wahrscheinlich allen Schülern, und dann auch ein bisschen kreativ an die ganze Sache rangehen "wie kann ich das denn sinnvoll einsetzen". Erfordert halt auch einfach Engagement des einzelnen Lehrers.

Benjamin Heller: Tatsächlich gibt es eine hessische Schule, die hat das als Projekt auch eingeführt. Irgendwie jeden Tag morgens eine Viertelstunde Sport zu machen und es hat positive Effekte auf die Noten gegeben, auf die Aufmerksamkeitsspanne und ich glaub am Ende des Schuljahres konnten 15 Prozent mehr Schüler fürs

Gymnasium empfohlen werden. Also die sportliche Komponente von der Erlebnispädagogik ist allgemein wissenschaftlich sehr gut abgesichert. Was für mich noch eine wichtige Frage ist, wenn man jetzt Erlebnispädagogik hat, es gibt ja nicht nur diese Kurzzeitsettings, sondern es gibt ja auch zum Beispiel in der ISE [Intensive Sozialpädagogische Einzelbetreuung] gibt ja auch so mehrwöchige Auslandsaufenthalte in Finnland und solche Geschichten. Jetzt ist die Frage: Ist Erlebnispädagogik eine Alternative zu einer medikamentösen Behandlung, also auch wenn man dieses Setting auf länger als drei bis fünf Tage irgendwie ausdehnen könnte oder ist es letztendlich nur eine Ergänzung für eine medikamentöse Behandlung?

Ingo Krüger: Ich bin ganz klar der Meinung, es kann ein Ersatz sein. Allerdings muss man da aufpassen, ich hab' einmal so ein Kind mitgekriegt auf eine Wildwasser-Freizeit. Die Mama hat gesagt "Oh es sind ja jetzt Sommerferien, ich setz das Ritalin ab" und dann wir haben uns gewundert was da los ist. Wir haben nämlich keine Info gekriegt und das Kind war krass auf Entzug. Das war echt krass. Der war die ersten drei Tage völlig daneben bis wir dann endlich gesagt haben "Irgendwas ist da nicht richtig". "Sag mal, nimmst du irgendwelche Medikamente?" "Ne, gerade nicht." "Okay, was heißt das gerade?" "Ja eigentlich nehm' ich Ritalin, aber meine Mama hat gesagt, das brauch ich jetzt nicht, es sind ja Sommerferien". Ja mit dem Wissen dann...alles klar... der ist eigentlich sonst drauf. Und jetzt hat er halt Entzug und das geht natürlich nicht so...von jetzt auf gleich gehts nicht. Aber wenn du dann eben weißt, was eigentlich der Fehler ist woran es liegen könnte, kannst du dementsprechend dann vielleicht auch handeln. Ich bin ja eh der Meinung, dass medikamentöse Behandlung nicht der Schlüssel zum Erfolg ist oftmals. Das es tiefergreifende Sachen gibt, die dann auch nachhaltig wirken.

Andreas Michel: Ich glaub, dass die medizinische Wirksamkeit der Präparate ist ja nachgewiesen. Insofern erzeugt man damit auf jeden Fall eine Wirkung und unverzichtbar sind die damit auf keinen Fall. Es ist sicherlich immer noch eine Form der Ausprägung der Störung und inwieweit Einfluss geübt werden muss, um den Menschen in den Alltag zu integrieren. Das ist halt auch eine

Frage, die wir uns in unserer Gesellschaft stellen müssen. Wie gehen wir mit so was um, mit so einer Störung, mit so einer Besonderheit von einem Menschen. Meine Erfahrung ist, dass ADHS durchaus vererbbar ist und die Eltern hatten aber diese Probleme nicht, die ihre Kinder heute haben. Die hatten keine Diagnose. Die waren halt ein wenig lebhafter hat man gesagt. Und unsere Gesellschaft war damals noch so drauf, auch im Schul- und Arbeitsleben, dass das nicht zur Katastrophe für diesen Menschen geführt hat, also im Rahmen einer sogenannten Abwertung oder Aussonderung. Heute gehen wir damit anders um. Das zum einen, dass da sich vielleicht etwas verändern muss. Und dann natürlich erlebnispädagogische Elemente, wie dieses Beispiel mit dem Morgensport, wenn's nur halt...das ist sportlich jetzt, aber auch die eine Stunde oder den einen Tag im Monat mit der Klasse was Erlebnispädagogisches unternehmen. Vielleicht in Kombination mit der Projektgruppe Erlebnispädagogik oder Klettern oder ähnliche Elemente kann ich mir als sehr wirksam vorstellen. Und dann mit dem Alltag kann ich mir schon vorstellen, dass das Medikament...das man auf das verzichten kann.

Benjamin Heller: Sie sagen Erlebnispädagogische Elemente. Was wären denn da für sie die Elemente wo sie sagen, "das sind die entscheidenden?". Wie gesagt Sport haben wir ja auf jeden Fall, wie gesagt, das ist ja auch schon wissenschaftlich abgesichert, dass es gesund ist und einen positiven Effekt auf die Konzentration hat. Was würde für sie da noch dazu gehören?

Andreas Michel: Alles, was darin, also, was die Gemeinschaft stärkt. Die Gemeinschaft der Gruppe. Ich denk, das ist das wesentliche Anliegen der Kinder oder des Menschen seien wird, seinen Platz zu finden. Seinen Platz in der Gruppe, an dem es seine Anerkennung und seine Aufmerksamkeit genießt, seine Geborgenheit im Rahmen von der Gruppe bekommt. Und das kann ich im Endeffekt mit allen Gemeinschaftsstiftenden Aktionen mit gutmachen...wo Lagerfeuer dabei ist, also ein Erfolg, ein gemeinsamer Erfolg. Auch mal was durchstehen gemeinsam, die Momente wo der schwierige Moment gemeistert wird und zum wunderbaren Erlebnis wird. Für die Gruppe im Zusammenspiel. Dass da eben `ne andere...das für jeden in der Gruppe ein Platz entstehen kann.

Jennifer Herrmann: Ich seh' da zum Beispiel auch ganz klar das Klettern, also einfach auch andere Elemente, in denen Verantwortung übernommen werden muss. Ich hab' die Erfahrung gemacht, dass es dann oft, wenn es quasi greifbar ist, warum es wichtig ist, da jetzt dabei zu bleiben, dann auch den Kindern [mit ADHS] sehr viel leichter fällt. Also nicht perfekt und sonst was alles, aber dafür ist man ja auch da. Aber das es halt leichter wird, wenn klar ist "okay, ich hab' da jetzt eine wichtige Aufgabe und wenn ich mich da einbringe, dann ist es gut für mich und gut für alle anderen". Also ein gegenseitiges Verantwortung übernehmen. Und ich glaube auch, dass es nicht von heute auf morgen irgendwie total der Ersatz für eine medikamentöse Behandlung sein kann, Erlebnispädagogisch zu arbeiten, auch mit den Kids, weil sie sind als Individuen einfach eingebettet in verschiedene Systeme. In den Systemen werden gewisse Anforderungen gestellt und wir sind nun mal in einer sehr leistungsorientierten Gesellschaft. Und so sind auch unsere Schulen, teilweise auch Familien ausgerichtet und da ist es auch einfach ein Stück weit wichtig, zu funktionieren. Und wenn ich dann immer nur die Erfahrung mache, nicht gut genug zu sein, dann ist das auf Dauer auch echt schwer auszuhalten. Und da die Medikamente durchaus auch da...Also da seh' ich einen Vorteil der Medikamente, dass die in der Situation selbst erstmal auch den Druck nehmen können, weil es dem Kind einfach leichter fällt, da nicht die ganze Zeit in einem System wo es unterwegs ist, anzuecken. Einfach als quasi Soforthilfe. Und wenn das System in dem Moment eben nicht in der Lage ist oder nicht schnell genug reagieren und sich ändern kann für das Kind, dann ist das zwar bitter auf der einen Seite, aber dann muss dann das Kind halt ein Stück weit da reinpassen. Und daher denk ich, wenn die Medikamente auf der Ebene dem Kind dann Erleichterung verschaffen können ist das auch erst mal was Positives. Also wenn weniger negative Erfahrungen gemacht werden können. Ich sag nicht...ich bin auch kein großer Fan davon, die ruhig zu stellen, gar nicht, vor allem wenn man sieht, wie toll die unterwegs sein können, wenn die Rahmenbedingungen stimmen. Aber wenn ich jetzt erst mal keinen Einfluss habe, keinen direkten, auf die Rahmenbedingungen, oder einfach nicht in der Zeit in der das Kind das braucht, dann finde ich muss ich zumindest die Möglichkeit irgendwie geben, über einen gewissen Zeitraum oder so, das vielleicht mit den Medis irgendwie zu erleichtern.

Benjamin Heller: Ich finde das mit der Verantwortung einen guten Punkt. Da auch wieder Transfer kurz zu Kurt Hahn: Von den vier Elementen, die er da vorgestellt hat, war für ihn der Dienst am Nächsten, also dieses Übernehmen von menschlicher Anteilnahme eigentlich das Wichtigste. Das ist ja in Form von verschiedenen Rettungsdiensten, der Bergrettung, der Seenotrettung geschehen. Das ist eine Komponente, die man heute in der Erlebnispädagogik, außer vielleicht bei dem Outdoor Erste Hilfe, nicht mehr so viel sieht. Warum? Und könnte das vielleicht auch hilfreich sein? Denn Verantwortung zu Übertragen in dem Sinne von, Kurt Hahn hat es selber so gesagt "Ich werde gebraucht". In dem Gefühl. Denken sie, das ist möglich, das umzusetzen.

Andreas Michel: Naja, also den Dienst, den macht jeder, wenn er will. Meistens eine familiäre Geschichte, ob sie zur Feuerwehr oder dem Roten Kreuz gehen, oder beim DLRG oder anderen solchen Organisationen da mithelfen. Es gibt auch Sachen die nah dran sind, wie die Pfadfinder sag ich jetzt mal...Was fällt mir noch ein...?

Franziska Beils: Grundsätzlich Vereine würde ich sagen.

Andreas Michel: Ja, grundsätzlich Vereine, wo die Kinder das lernen können. Ich glaube das ist in unserer Gesellschaft ganz gut integriert, also verwirklicht, letztendlich, dass es für das Kind gelingt dort, ist auch wieder abhängig vom sozioökonomischen Status der Eltern. Können die sich den Verein leisten? Das zum einen und zum anderen: Engagieren sich die Eltern, dass ihre Kinder in so was gehen können? In dem Setting von den derartigen Kurzzeitschulen, wie wir sie jetzt haben, die nur kurzzeitig helfen, geht es bestimmt nicht. Ja. Aber wir haben genug Situation, eigentlich kein Element bei uns kann alleine geklettert werden, man braucht immer die Unterstützung und man muss den Anderen immer unterstützen. Also wir können es in den Dingen wirklich schon darstellen. Ist natürlich was anderes als wenn ich das für mehrere Monate, oder auf Dauer quasi bei so was diene.

Ingo Krüger: Ich wollte auch sagen: In der Erlebnispädagogik wie wir sie kennen haben wir natürlich in unterschiedlichen Aufgaben immer wieder für die Kinder die Möglichkeit sich einzubringen, Aufgaben für die Gruppe zu übernehmen und das ist viel niederschwelliger da möglich. Die Frage ist dann ja immer wieder auch, „wie haben wir jetzt die Möglichkeit, so ein langfristiges Projekt zu machen?" Was damals ja Kurt Hahn immer angedacht hatte. Über drei Monate oder so sich zu engagieren. Wenn man so was hat: Super. Aber in welcher Schule oder welchem Zusammenhang kann man das verwirklichen? Das ist schwierig. Ich sehe es zum Beispiel aber auch so, dass viele Vereine gar nicht die Übungsleiter haben, die dann die Nerven haben, sich mit einem ADHS-Kind so auseinander zu setzen, dass das dann eben da zielführend ist und gut aufgenommen ist.

Benjamin Heller: Sie meinen quasi, dass die Situation, dieses Leiden was für ein Kind in der Schule entsteht, in einem Verein dann eigentlich genauso wiederholt wird.

Ingo Krüger: Zum Teil auf jeden Fall.

Franziska Beils: Meistens würde ich sogar sagen

Ingo Krüger: Weil eben da auch oftmals relativ starre Normen sind. Vorstellungen wie die Verhaltensweise ist, zumindest meine Erfahrung. Und ja...wenn da eben nicht der Freiraum ist oder genug Selbstwirksamkeit geschaffen werden kann, dann wird das Kind da nicht viel daraus ziehen können.

Andreas Michel: Ich seh 'dass...Ja, das ist natürlich richtig. Das hängt von den Menschen ab, die diese Sportgruppe oder dieses Ehrenamt leiten. Das sieht man, da guckt man in jedem Ort gibt es einen Verein, da gehen alle hin. Das ist der Verein mit dem engagiertesten Jugendwart. Und da weiß ich hier jetzt im Umkreis von den Ortschaften, die Ortschaft steht für Feuerwehr, die für Fußball, die für Schach. Und das Kind muss dann halt in den richtigen Verein gehen, eben den mit dem guten Jugendleiter. Aber das ist sicherlich eine Problematik. Also es gibt ja Vereine, die haben keinen Nachwuchs und wenn mal jemand kommt, muss er sich an die Regeln halten. Aber sonst [Pause] ne. Also gleiches Erleben

Benjamin Heller: Sie meinen auch, dass dann quasi im Privaten geschehen müsste, also das irgendwo im normalen Alltag [Pause]. weil da wären wir ja bei der Thematik, dass es eben gerade bei sozioökonomisch schwach gestellten Familien der Fall ist. Und wie gesagt, da sind die Beiträge teuer [Bei Vereinen]. Und das ist ja eigentlich die Hauptleidensgruppe, wirklich Kinder aus armen Familien, denen man bei Erlebnispädagogik oder in diesem Setting leicht ein Erfolgserlebnis ermöglichen kann. Aber wie würde man das außerhalb von diesem SLH Setting dieser Bevölkerungsgruppe vielleicht auch ermöglichen können?
Ingo Krüger: Es gibt ja gerade da eben auch Ideen, wie man das, diesen Kindern und Familien zugänglich macht. Also gibt da oftmals ja schon die Idee, dass Vereine für Empfänger von Hartz IV etc. keine Beiträge nehmen. Das man eben da, ja schon diese Schwelle abschafft. Obwohl ja leider oft die Sache ist, dass die Eltern, die einen Job haben und wenig Zeit haben da genauso betroffen sind, wie die Eltern, die keinen Job und keine Kohle haben. Ich denke da eher an Leute, die einfach nicht in den 30-Stunden-Berufstätigkeit vier- oder fünftausend Euro im Monat nach Hause bringen, sondern eher in den 40 Stunden Berufstätigkeit 1200€ beispielsweise. Und da hab' ich eben die Problematik, dass Mama und oder Papa keine Zeit haben, aber eben auch diese Schwelle noch nicht da ist, dass sie beitragsfrei in einen Verein kommen, weil sie ja was verdienen.
Benjamin Heller: Quasi die Schwelle knapp über dem Existenzminimum?
Ingo Krüger: Möglichweise auch darunter, wenn man sagen würde, ich rechne alles zusammen, was jetzt Wohnung und so weiter ist. Biste ja oftmals mit Hartz IV bessergestellt, als wenn du 1500€ bei Aldi verdienst.
Andreas Michel: Das ist jetzt aber ein anderes Thema, oder?
Ingo Krüger: Ja, aber das ist oft eine Problematik in meinen Augen
Franziska Beils: Ich bin gedanklich eher wieder in der Schule und gehe von AGs aus. Also wie zum Beispiel Erste Hilfe, oder wie heißen die, Sanitäter AG, oder wie auch immer. Das setzt aber wiederum voraus, wo wir eben schon mal waren, dass die Lehrer

halt engagiert sein müssen und das anbieten müssen und sich dafür gegebenenfalls qualifizieren müssen und dann muss es dann auch noch ein Lehrer sein, der bereit ist, dafür Kinder, die nicht 100 Prozent spuren aufzunehmen in diese Gruppe. Weil das da ja auch wieder in so einem Schul-Setting ist. Also ich glaube, dass es schwer ist, in der Schule ein anderes Setting zu setzen als eben das von Schule. Eben auch weil die räumlichen Gegebenheiten für die Kinder das Ganze auch suggerieren: Schule. Ich muss jetzt hier stillsitzen und ich muss zuhören und ich kann vielleicht keine Ahnung dem nächsten jetzt helfen, einen Kühl Akku dem geben. Aber es ist halt immer noch dieser Ort, der mit vermutlich negativen Eindrücken verbunden ist.

Andreas Michel: Ja, aber... Du darfst auch nicht nur auf der Insel Erlebnispädagogik machen und da ist alles gut. Es muss ja auch dieser Schritt in den Alltag kommen. Und da finde das durchaus, eben diese AGs, eine gute Idee sozusagen oder ein guter Weg. Vielleicht mehr bezogen auf jemanden helfen und Verantwortung übernehmen, als auf Sport, wo man ja schon sagt, dass es hilft. Ja...Faden verloren.

Jennifer Herrmann: Ich sehe auf jeden Fall auch die Schulen in der Verantwortung. Meiner Meinung nach muss es da einfach auch andere Unterstützungsmöglichkeiten, dann auch andere Erleichterungen für Lehrer geben, wenn die sich tatsächlich die Zeit nehmen, solche Zusatzangebote und so was gut vorzubereiten und entsprechend zu begleiten. Es muss halt auch irgendwie für die Lehrer leistbar sein. Aber ansonsten ist die Schule für mich insofern ein guter Raum für solche Erfahrungen und längerfristige Tätigkeiten, weil du sonst ja schwer an die Kids herankommst. Also wenn die erst mal zuhause sitzen...sowas wie Jugendhäuser kann man probieren, hat aber alles wieder eine "Komm"-Struktur. Wenn die halt zuhause sitzen bleiben am PC oder so was, dann bleiben sie halt in der Erfahrungswelt, die sie kennen, dann erweitert sich das nicht unbedingt. Und in der Schule, das sind nun mal die Orte, da müssen sie ja alle irgendwann mal vorbeikommen. Also das ist eigentlich eine gute Möglichkeit, sie da aufzufangen und die dann vielleicht da auch zu kriegen. Und damit auch in dem Raum Schule eben über diese Zusatzaktivitäten oder Angebote eben vielleicht auch positive Erlebnisse mit reinzubringen. In einem System, in dem ich eh funktionieren muss, dass ich da Räume schaffe, wo ich eben meine Stärken auch außerhalb von dem traditionellen Unterricht quasi erleben kann. Dass das alles nicht so negativ behaftet ist.

Benjamin Heller: Sie stimmen sich da ja auf jeden Fall gegenseitig zu, dass die Schule da auf jeden Fall der Standort für wäre. Die Problematik mit den Lehrern gibt es ja nach wie vor. Dass oft eben nur der Stoff vermittelt wird und das pädagogische nicht so gut ausgeprägt ist und dass eben die Zeit fehlt, so etwas unterzubringen in den vollen Lehrplänen. Könnte dann die Möglichkeit, um den schulischen Transfer von solchen Programmen zu fördern und den quasi zu garantieren, vielleicht eine Schulsozialarbeit dienen?

Andreas Michel: Natürlich.

Jennifer Herrmann: Mh, ja.

Andreas Michel: Nachmittagsbetreuung und Schulsoziarbeit. Nachmittagsbetreuung ist gerade, wenn wir uns die Grundschüler anschauen, wird das immer mehr zur Nachmittagsbetreuung kommen. Und die, wenn die richtig gestaltet ist, können die Kinder bereits bevor sie in dieses sogenannte problematische Alter kommen, wo dann die Pubertät mehr oder weniger noch dazu komm, mit reinspielt, kann da schon viel geebnet werden, kann viel passieren. Die bekommen das ja nicht über Nacht, das haben die ja auch in der Grundschule schon. Und in dem Bereich seh' ich da, dass man da sehr viel machen kann. Aber auch hier ist es wieder eine Frage des Engagements der Leute, die das machen.

Ingo Krüger: Genau.

Jennifer Herrmann: Ja genau, finde ich auch

Andreas Michel: ...Der Ausbildung aber auch, der Einordnung, also der Vorstellung: "Was muss ich tun?". Also, das Wissen, wie das zu handlen ist, die Empathie, die die jungen Menschen brauchen. Dann kann ich mir das sehr gut in der Nachmittagsbetreuung [vorstellen], dass die derartig gestaltet ist. Mehr weg von Hausaufgaben, mehr hin zu Sozialverhalten.

Ingo Krüger: Was oftmals ja auch ein bisschen Umdenken erfordert. Dass da nicht so sehr die Hausaufgaben im Vordergrund stehen, sondern vielleicht dann soziale Aufgaben und die Zusammenarbeit. Und das ist dann auch in der Gesamtheit zu sehen. Und da gibt es dann Schulen wo das total positiv gestaltet ist, die sich darum kümmern, dass sie drei Schulsozialarbeiter kriegen und eine Umfangreiche Nachmittagsbetreuung und Leute, die zusätzliche AGs anbieten. Und dann gibt es Schulen, die sich eben nicht drum kümmern, die bekommen dann einen Schulsozialarbeiter und keine Nachmittagsbetreuung, weil da eben keiner in der Schulleitung dahintersteht und sich darum kümmert, irgendwelche Anträge zu schreiben oder so. Und das ist denk ich dann die Hürde, die oft...

Andreas Michel: Ich denke die Hürde fängt weit höher an, an den Kultusministerien, die ihren Rahmen abstecken. Die Schulleiter, die sowieso schon ersaufen, weil es Lehrermangel hat, die nicht noch irgendwelche tausende von Seiten von Anträgen ausfüllen können. Oder eben das bestimmte Schulen in gewissen Gebieten da bevorzugt mit Schulsozialarbeitern ausgestattet werden, während andere wieder schlechter gestellt werden. Also das... Man muss bei den Lehrern auch irgendwie die Kirche im Dorf lassen, die machen sowieso schon eine viel härtere Arbeit, als unsere Gesellschaft denkt und man kann es ihnen manchmal nicht verübeln, wenn sie mit dem einen Jugendlichen nicht klarkommen. Das ist find ich einfach schlicht und weg eine Frage der personellen Ausstattung...

Ingo Krüger: Genau.

Andreas Michel: ...unseres Bildungssystems und der dafür zur Verfügung stehenden Mittel. Genauso wie eine einseitige, einmalige Finanzierung eines Computerbildungspaketes, wo jede Schule 2 Computer bekommt ohne den Lehrer, der die Schüler daran ausbildet, bringt das auch nichts. Das Problem ist, da kann man viel träumen, was man alles besser machen könnte, aber letztendlich gehören viel mehr Menschen in die Schule, die den Kindern beim Lernen helfen. Oder einen Raum schaffen zum Helfen.

Ingo Krüger: Da stimme ich Andi absolut zu, dass die personale Ausstattung das A und O ist. Und die fängt natürlich im Kultusministerium an und geht im Denken der Schulleitung weiter und im Engagement der Lehrer. Und wenn das alles positiv ist, dann gibt es da jetzt schon viele Möglichkeiten. Und das kann man natürlich ausbauen.

Benjamin Heller: Also fass ich jetzt mal so alles zusammen. Sie können gerne danach noch etwas dazu sagen, gerne auch Erfahrungsberichte. Herr Krüger hat schon ein paar gegeben, so was ist sehr gut. Wenn Ihnen da konkrete Beispiele aus ihrer Vergangenheit einfallen, erzählen sie die gerne. Wir sind uns also einig: Erlebnispädagogik hat auf jeden Fall einen positiven Effekt auf die Jugendlichen mit ADHS, aber ein drei- bis fünftägiges Programm reicht nicht aus, um die Symptomatik zu beheben. Sondern mehr das Kind in dem System, in dem es sich befindet, positiv zu beeinflussen, um der Akzeptanz gegenüber dem Kind zu helfen, damit es seine eigene Rolle findet. Und um einen dauerhaften Transfer und eine Umsetzung im Alltag auf jeden Fall die Schulen eine präsentere Rolle spielen müsste, das aber nur möglich ist, wenn die ganze schulische Struktur ein bisschen umgedacht wird und da überhaupt der Spielraum für solche Aktionen gegeben wird. Ja?

Jennifer Herrmann: Ja.

Benjamin Heller: Ergänzungen, Meinungen, Erfahrungen? [Pause]

Ingo Krüger: Ja nur nochmal so ein Negativbeispiel. Letztes Jahr hatten wir auch so eine Klassenfahrt, Erlebnispädagogische Betreuung über drei Tage. Und die Lehrerin sagte schon so "Wir sind die Klasse, in der die Schule eben gesagt hat, sie fassen alle Fälle mit Diagnosen zusammen", damit sie eben wirklich nicht nur drei Stunden pro Kind und Woche Schulbegleiter sondern dann eben in der Masse der Klasse mit sechs Kinder mit Diagnose glaub ich, eben dann nicht nur drei sondern 18 Stunden hatten. Das heißt, sie hatten sechs Kinder mit Diagnose und sie hat aber gesagt 'Okay, sie würd' das gerne so machen, sie würde uns nicht die Namen der Kinder mit Diagnose nennen, sondern wir dürfen nach den drei Tagen mal tippen'. Und da war es tatsächlich so, dass auch eine erfahrene Kollegin und ich dann am Ende der Woche glaub ich 11 Namen hatten, die wir getippt haben, obwohl wir wussten es sind nur sechs. Und das ist halt spannend, wenn du dann merkst, das war quasi die Übersetzung von Hauptschule, wie heißt das jetzt Mittelschule, gibt ja nicht mehr "die Hauptschule". Jedenfalls in Baden-Württemberg nicht. Und ja, da hast du dann in meinen Augen elf Kinder, die eine Diagnose verdient hätten in einer Klasse und kriegst für sechs Kinder 18 Stunden Schulsozialarbeit und oder Unterrichtsbegleitung. Was natürlich ein Tropfen auf dem heißen Stein ist. Und dann ist klar, dass du mit der Klasse einfach keinen zielgerichteten Unterricht machen kannst. Wenn du diese menschliche Betreuung hast, also diesen Betreuungsschlüssel eins zu ich weiß nicht was es war, 23. Davon elf verhaltensauffällige Kinder, dann weißt du, dass du da keine Chance hast als einzelner Lehrer.

Andreas Michel: Die waren aber nicht aus Unterfranken, oder?

Ingo Krüger: Ne, die waren aus Baden-Württemberg.

Andreas Michel: Da wäre es wahrscheinlich anders rum gewesen, du hättest bei elf die Diagnose gehabt und du hättest nur sechs die wirklich auffällig sind. [lacht]

Ingo Krüger: Ja, wahrscheinlich ist es so. Und das ist schon spannend, wenn du dann sagst, da hast du als Lehrer auch einfach keine Chance. Und da muss man die Lehrer auch ganz klar in Schutz nehmen und sagen "Ey, es ist der Kampf gegen Windmühlen, der da manchmal zu kämpfen ist, wo du keine Chance hast und dann irgendwann natürlich auch aufgeben musst, um dich selber zu schützen." Also das ist dann auch bewusst.

Jennifer Herrmann: Ein ganz einfaches Beispiel noch zu dem gleichen Verhalten, was sowohl als Stärke als auch als Schwäche wahrgenommen werden kann. siebte Klasse, ADHS-Diagnose im Hochseilgarten. So in der Schule eben total nervig und störend, weil er immer schon los redet bevor die Aufgabe quasi zu Ende gestellt ist und immer voranprescht, bis es eigentlich losgeht. Und im Hochseilgarten hat er dann halt bei jedem Element als erster richtig gut durchgezogen hat, also sich als erster getraut hat, vor allen hochgegangen ist und das auch immer zu Ende gebracht hat. Wo alle dann irgendwie extrem erstaunt waren und es ist im Endeffekt ja das gleiche Verhalten: Dieses in Aktionen treten und loslegen wollen...

Benjamin Heller: Diese Impulsivität.

Jennifer Herrmann: Diese Impulsivität, die in dem einen Rahmen, wo ich halt erst mal drüber sprechen möchte und gucken oder so was, irgendwie halt als störend wahrgenommen wird. Und dann beim Andern wo halt erst schauen "wie fangen wir denn an", ein positives Beispiel ist, also jemand der vorangeht und einfach anpackt und den anderen zeigt wie es geht und es für sich einfach durchzieht. Und alle anderen sich dann ein Beispiel daran nehmen können.

Andreas Michel: Genau und daran anschließend erlebt das Ganze noch eine Steigerung was Kind so gefangen ist in der Situation, dass es die anderen anfeuert und es sagt "Das kriegst du hin und da auch noch einen Fuß!" und die auf einmal nicht eine Störung von dem Kind erfahren, sondern eine Rückstärkung. "Komm, ich hab's auch hingekriegt, du kannst das auch". Quasi von unten engagiert erklären, wie es richtig geht. Das ist dann das, diese Situation, die du beschrieben hast, die man im Hochseilgarten erleben kann, wo das Kind dann nochmal einen drauf packen kann.

Jennifer Herrmann: Ja.

Andreas Michel: Mit der Energie und der Begeisterung, die es mitbringt.

Ingo Krüger: Und darin dann halt auch in seiner Rolle wachsen kann. Und eben anders wahrgenommen wird, wieder.

Andreas Michel: Weil er das rückgemeldet bekommt, wenn man das richtig anleitet.

Benjamin Heller: Wollen sie noch was zum Abschluss sagen [an Frau Beils]

Franziska Beils: Ich würde die anderen wiederholen im Prinzip, deswegen....

Benjamin Heller: Eine Frage ist mir tatsächlich noch eingefallen: Es gibt von James und Kaplan die Nature Restauration Therapy. Dabei geht es darum, dass es verschiedene Arten der Aufmerksamkeit gibt, dass es einmal die unbewusste Aufmerksamkeit, dabei geht es darum, wenn man durch den Wald läuft und auf einmal sieht man, wie ein Reh an einem vorbeiläuft. Also etwas, was die Aufmerksamkeit fängt, aber was nicht bewusst passiert. Die bewusste Aufmerksamkeit wiederum ist dieses "Ich konzentriere mich auf eine Matheaufgabe und ich löse die". Quasi zielgerichtete

Konzentration. Und die argumentieren, dass man in der Stadt wesentlich mehr belastet ist, zum Beispiel auch, um sich auf Aufgaben zu konzentrieren, weil man in der Stadt viel mehr diese zielgerichtete Konzentration brauch. Man läuft durch die Straßen, muss über einen Fußgängerübergang gehen und schauen, dass man nicht überfahren wird. Diese Konzentration wird immer gefordert. Diese Komponente: Draußen sein. Denken sie, das hat einen positiven Effekt auf die Aufmerksamkeit der Kinder mit ADHS? Unabhängig davon, ob es jetzt sportlich ist. Wandern ist so gesehen ja auch Sport, aber nicht so sehr auf Leistung gesetzt.
Andreas Michel: Auf jeden Fall.
Jennifer Herrmann: Ja.
Andreas Michel: Das sieht man auch daran, die Dänen haben jetzt erst eine Studie vorgelegt, dass die Wahrscheinlichkeit glaube ich 90 Prozent höher ist, wenn du in der Stadt aufwächst, an einer psychischen Krankheit zu erkranken, als wenn du im Grünen aufwächst. 90 Prozent höher haben sie da in einem Stadtbereich gemessen. Also im späteren Alter an einer psychischen Erkrankung zu erkranken ist wesentlich höher. Und ich glaub auch so Sachen, wie die Erfahrungen, die man auf medizinischer Seite gesammelt hat, dass du dich, wenn du dich eine halbe Stunde ruhig im Wald verhältst, sich deine Gehirnströme verändern. Das ist glaub ich unbestritten. Der Wald oder die Natur wird erst mal als wesentlich reizärmer wahrgenommen. Erst wenn man sich lang genug in ihr aufhält entdeckt man nach und nach die vielen vielen Reize, die sie einem anbietet. Ich glaube fest, dass dieses Natur-Umfeld eine andere Wirkung auf die Kinder und Jugendliche hat und ihre Entwicklung und dass es helfen kann, sie zu sich finden zu lassen, ihren Platz finden zu lassen, das ist was ich vorhin angesprochen habe, sich ausleben zu lassen. Dieser natürliche Lebensraum auf jeden Fall... glaub ich, dass das gut ist.
Franziska Beils: Ich glaube auch evolutionsbedingt einfach. Das was Generationen von Menschen einfach gewohnt sind, an Reizen aufzunehmen, die sind, die man in der Natur findet und dass in den letzten sagen wir 150 Jahren die Reize deutlich zugenommen haben im urbanen Raum.
Ingo Krüger: Anders geworden sind.

Franziska Beils: Anders geworden sind, aber ich glaube tatsächlich auch mehr.
Andreas Michel: Industrialisierung. Mit der Industrialisierung fing es an.
Franziska: Ja genau. Dadurch, womit man konfrontiert ist, gleichzeitig. Also nicht grundsätzlich, sondern dass man viel mehr Reize auf einmal präsentiert bekommt. Und in der heutigen Zeit deutlich mehr verarbeiten muss. Also wenn ich über die Straße gehe und dabei auf mein Handy schaue und dabei noch Musik höre oder telefoniere am besten noch, da muss ich sogar noch interagieren.
Ingo Krüger: Smombies.
Franziska Beils: Ja, so in etwa. Das ist ja deutlich mehr, als wenn ich jetzt zum Holzhacken rausgehe.
Ingo Krüger: Echt?
Andreas Michel: Holzhacken, da wäre jetzt ja wieder die körperliche Komponente...
Franziska Beils: Beeren pflücken.
Ingo Krüger: Das kommt drauf an, wo die hängen.
Jennifer Herrmann: Pilze sammeln.
Ingo Krüger: Und was für Beeren? Wenn es Eisbären sind, ist das definitiv eine Herausforderung.
Franziska Beils: Ich wollte nur den Bewegungsaspekt rausnehmen.
Benjamin Heller: Was ich gut fand, Herr Michel, was sie angesprochen haben mit den Gehirnströmen. Das ist für uns als Erlebnispädagogen auch wahnsinnig wichtig, dass die ganze Neurowissenschaft uns quasi mit den Sachen, die wir eigentlich schon wissen aus dem pädagogischen Sinne, irgendwie auch bestätigen können. Da gilt es abzuwarten, was die Forschung noch bringt.
Andreas Michel: Sehr schön, schöner Blick meiner Meinung nach.
Benjamin Heller: Die Neurowissenschaft als Bezugswissenschaft für die Erlebnispädagogik. Ich glaube das ist so was, was gut zusammenspielen kann. Ich weiß zum Beispiel, dass Mehl 2010 Hirnströme gemessen hat vor und nach mehrmaligem Begehen von HSG. Zwar bei Erwachsenen, aber er hat herausgefunden, dass sich da auch die Tiefenstruktur der Persönlichkeit noch ver-

ändern kann. Und wenn das bei Erwachsenen so ist, dann geht das bei Kindern auch.

Benjamin Heller: Ich merke, dass wir alle relevanten Themen besprochen haben und nun auch schon eine ganze Weile reden. Vielen Dank für die Teilnahme und die angenehme Gesprächsatmosphäre.